全国建设行业职业教育任务引领型规划教材

房地产项目测绘

(房地产类专业适用)

主编 袁建刚
主审 黄志洁

中国建筑工业出版社

图书在版编目（CIP）数据

房地产项目测绘／袁建刚主编. —北京：中国建筑工业出版社，2008
全国建设行业职业教育任务引领型规划教材. 房地产类专业适用
ISBN 978-7-112-10145-0

Ⅰ. 房… Ⅱ. 袁… Ⅲ. 房地产－测量学－职业教育－教材 Ⅳ. F293.3

中国版本图书馆 CIP 数据核字（2008）第 179539 号

本书是参照现行有关国家职业技能标准和行业岗位要求编写的全国建设行业职业教育任务引领型规划推荐系列教材之一。

本书内容编排以房地产项目测绘实际作业流程为主线，详细介绍了从接受委托任务到完成测绘任务过程中所要运用到的各种知识和技能。全书共分基础知识篇、外业篇、内业篇和附录四大部分，本着"理论够用、实践为重"的原则，以任务引领为核心，结合工程实例，突出学生实践技能的培养。

本书可作为职业技术院校房地产专业人才培养培训教材，也可以作为相关单位技术人员参考用书。

* * *

责任编辑：张晶　朱首明　／责任设计：赵明霞／责任校对：兰曼利　孟楠

本书附配套教学课件，下载地址如下：
www.cabp.com.cn/td/cabp16948.rar

全国建设行业职业教育任务引领型规划教材

房地产项目测绘
（房地产类专业适用）

主编　袁建刚
主审　黄志洁

*

中国建筑工业出版社出版、发行（北京西郊百万庄）
各地新华书店、建筑书店经销
北京嘉泰利德公司制版
北京市兴顺印刷厂印刷

*

开本：787×1092 毫米　1/16　印张：7¾　字数：195 千字
2009 年 1 月第一版　2009 年 1 月第一次印刷
定价：**16.00** 元（附网络下载）
ISBN 978-7-112-10145-0
（16948）

版权所有　翻印必究
如有印装质量问题，可寄本社退换
（邮政编码 100037）

教材编审委员会名单

(按姓氏笔画为序)

王立霞　刘　胜　刘　力　刘景辉　苏铁岳
何汉强　邵怀宇　张怡朋　张　鸣　张翠菊
周建华　黄晨光　游建宁　温小明　彭后生

序　言

根据国务院《关于大力发展职业教育的决定》精神，结合职业教育形势的发展变化，2006年底，建设部第四届建筑与房地产经济专业指导委员会在建筑经济管理、房地产经营与管理、物业管理三个专业中开始新一轮的整体教学改革。

本次整体教学改革从职业教育"技能型、应用型"人才培养目标出发，调整了专业培养目标和专业岗位群；以岗位职业工作分析为基础，以综合职业能力培养为引领，构建了由"职业素养"、"职业基础"、"职业工作"、"职业实践"和"职业拓展"五个模块构成的培养方案，开发出具有职教特色的专业课程。

专业指导委员会组织了相关委员学校的教研力量，根据调整后的专业培养目标定位对上述三个专业传统的教学内容进行了重新的审视，删减了部分理论性过强的教学内容，补充了大量的工作过程知识，把教学内容以"工作过程"为主线进行整合、重组，开发出一批"任务型"的教学项目，制定了课程标准，并通过主编工作会议，确定了教材编写大纲。

"任务引领型"教材与职业工作紧密结合，体现职业教育"工作过程系统化"课程的基本特征和"学习的内容是工作，在工作中实现学习"的教学内容、教学模式改革的基本思路，符合"技能型、应用型"人才培养规律和职业教育特点，适应目前职业院校学生的学习基础，值得向有关职业院校推荐使用。

建设部第四届建筑与房地产经济专业指导委员会

前 言

本书是根据住房和城乡建设部建筑与房地产经济管理专业指导委员会2006年制定的《中等职业教育房地产经营与管理专业教育标准》中的相关教学内容与要求，并参照现行有关国家职业技能标准和行业岗位要求编写的全国建设行业职业教育任务引领型规划推荐系列教材之一。

本书在编写中充分体现能力本位的职教思想，从培养和提升学生的职业能力出发，以"理论够用、实践为重"为原则，按照企业实际的工作任务、工作流程组织教学内容，力求叙述简明、通俗易懂、内容精炼、实用。本书紧密围绕房地产项目测绘这一核心，摒弃陈旧的教学内容，吸纳了先进的测量技术与方法，旨在增强学生适应实际工作和解决实际问题的能力，培养实用为主、技能为本的应用型人才。

全书共3篇，第一篇基础知识篇介绍房地产项目测绘基础知识，为了解和完成工作任务奠定基础；第二篇外业篇介绍了外业测前准备、房产调查、分层分户测量、整理实测外业成果资料；第三篇内业篇介绍了内业准备工作、房产图绘制。附录介绍了房产测绘合同、房产测量技术设计报告书、房屋面积测绘报告、常用建筑术语。

本书由江苏常州建设高等职业技术学校袁建刚主编。第一篇基础知识篇、第三篇内业篇、附录部分由袁建刚编写，第二篇外业篇由常州市武进城乡建设测量队戴建光编写。

由于编者水平有限，书中难免存在缺点，恳请广大读者批评指正。

第1篇 基础知识篇

1 基础知识的学习 ……………………………………………………………… 3
1.1 课程的性质和特点 …………………………………………………………… 3
1.2 房地产项目测绘的技术规范 ………………………………………………… 5
1.3 房地产项目测绘的工作程序 ………………………………………………… 5
1.4 房地产项目测绘的精度要求 ………………………………………………… 6
复习思考题 ………………………………………………………………………… 8

2 工程实例 …………………………………………………………………… 9

第2篇 外业篇

任务1 测前准备 ……………………………………………………………… 13
任务1.1 检验丈量仪器 …………………………………………………… 13
任务1.2 带足项目资料和书写工具 ……………………………………… 20
任务1.3 与委托单位的工作人员进行沟通 ……………………………… 20
实操作业 ……………………………………………………………………… 20

任务2 房产调查 ……………………………………………………………… 21
任务2.1 房屋调查 …………………………………………………………… 21
任务2.2 房屋用地调查 ……………………………………………………… 29
实操作业 ……………………………………………………………………… 33

任务 3　分层分户测量 ·· 34
　　任务 3.1　房屋分层测量 ·· 35
　　任务 3.2　房屋分户测量 ·· 35
　　实操作业 ·· 36

任务 4　整理外业成果资料 ·· 37

第 3 篇　内业篇

任务 1　准备工作 ·· 41
　　任务 1.1　收集检查资料 ·· 41
　　任务 1.2　确定共有（公用）部位及分摊关系 ··············· 42
　　任务 1.3　建筑面积的计算要求 ··································· 44
　　实操作业 ·· 46

任务 2　房产图绘制 ·· 47
　　实操作业 ·· 82

附　　录

附录 A　房产测绘合同 ··· 85
附录 B　房产测量技术设计报告书 ································· 88
附录 C　房屋面积测绘报告 ·· 92
附录 D　建筑术语 ·· 111

第1篇
基础知识篇

1 基础知识的学习

[教学目标]

了解房地产项目测绘工作的性质和特点。

掌握房地产项目测绘所要遵循的技术规范和工作程序。

了解测量误差的基本知识,掌握测量误差的来源及房地产项目测绘相关的误差、限差规定。

房地产业是我国国民经济的主导产业,在现代社会经济生活中占有着举足轻重的地位,它的发展与房地产测绘密不可分。而作为房地产管理不可缺少的工作,房地产测绘正日益发挥着巨大的作用。

1.1 课程的性质和特点

房地产测绘是专业测绘中的一个很具特点的分支,它是运用测绘仪器、测绘技术、测绘手段来测定房屋、土地及房地产的自然状况、权属状况、位置、数量、质量以及利用状况的专业测绘。按照测绘的内容我们可以把房地产测绘细分为房地产基础测绘和房地产项目测绘两种。

房地产基础测绘对测绘人员素质、仪器装备、单位测绘资质要求都比较高,必须是有较丰富经验的专业队伍才能胜任。相比较而言,从事房地产项目测绘比较容易一些。

1.1.1 课程的性质

房地产项目测绘是指在房地产权属管理、开发管理、经营管理以及其他房地产管理过程中针对房地产分丘平面图、房地产分层分户平面图及相关的图、表、册、簿、数据等开展的测绘活动。它测定的特定范围是房屋以及与房屋相关的土地。

房地产项目测绘与房地产权属管理、交易、开发、拆迁等房地产活动紧密相关，工作量大。其中它最大量、最现实、最重要的工作是房屋、土地权属证件附图的测绘。

1.1.2 课程的特点

房地产测绘与普通的测量相比较，有较大的差别。主要表现在：

1. 测图比例尺大

房地产测绘一般在城市和城镇内进行，图上表示的内容较多，有关权属界限等房地产要素，都必须清晰准确地注记，因此房地产分幅图的比例尺都比较大。作为我国最大比例尺系列的图纸一般都是1:500或1:1000，分丘图和分层分户平面图的比例尺更大，1:50有时也有，表示的内容更细。

2. 测绘内容上与地形测量的差别

地形测量测绘的主要对象是地貌和地物，而房地产测绘的主要对象是房屋和房屋用地的位置、权属、质量、数量、用途等状况，以及与房地产权属有关的地形要素。房地产测量对房屋及其用地必须测定位置（定位）、调查其所有权或使用权的性质（定性）、测定其范围和界线（定界）、测算其面积（定量）、调查测定评估其质量（定质）和价值（定价），地形测量没有如此广的任务。房地产图一般对高程不作要求，而地形测量不但要测高程，而且还要用等高线表示地貌。

3. 测绘成果效力的差别

房地产测绘成果产品多样，其成果一旦被房地产主管机关确认，便具有法律效力，是产权确认、处理产权纠纷的依据，而一般测量的成果不具备法律作用。

4. 测绘成果产品的差别

房地产测绘的成果产品不仅有房地产图，还有房地产权属、产籍调查表、界址点成果表、面积测算表。图也有几种，既有分幅图，而更多的是分丘图、分层分户图，地形测量则只有分幅图。所以房地产测绘最后的产品，在数量上、规格上比地形测量繁杂得多。且房地产图在一般的情况下只是单色图，一般不大量印刷，地形图则用多色，可以大量出版印刷。

5. 精度要求不同

地形图上的要素成果，用者一般可从图上索取或量取，其点位中误差在±0.5~0.6mm以内，这个精度可以满足城市规划对地物精度的要求。但房地产测绘不能按此来源，例如界址点的坐标，房屋的建筑面积的量算精度要求比较高，不能直接从图上量取，而必须实测、实算。

6. 修测、补测、变更测量及时

城市基本地形图的复测周期一般为5~10年，而房地产测绘的复测周期不能按几年来测算。城市的扩大要求及时对房屋、土地进行补测，对房屋和用地特别是权属发生变化时也应及时修测，对房屋和用地的非权属变化也要及时变更，以保持房地产测绘成果的现势性、现状性及保持图、卡、表、册与实地情况一致。所以房地产测绘成果要及时修测补测，变更测绘。

7. 房地产测绘人员既要懂测绘、更要懂房地产

作为一个称职的房地产测绘工作者，应该是房地产这一门学科中的好手，是房地产权属管理的帮手，是房屋交易买卖中的鉴证者，必须熟悉房地产的若干法律、法规，必须正确测算房屋面积，保护双方的合法利益。否则，做不好房地产测绘工作。

1.2 房地产项目测绘的技术规范

测量规范是测量工作所依据的法规性技术文件，各种测量工作都必须严格遵守。目前房地产项目测绘所要遵循的技术规范主要有：

（1）中华人民共和国国家标准《房产测量规范》GB/T 17986—2000；

（2）建设部"关于房屋建筑面积计算与房屋权属登记有关问题的通知"（建住房［2002］74号）；

（3）《建筑工程建筑面积计算规范》GB/T 50353—2005；

（4）各地房产测绘实施细则。

1.3 房地产项目测绘的工作程序

房地产项目测绘工作可分为实测和预测两种。具体工作程序如图1-1所示。

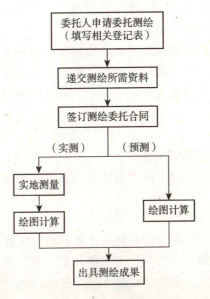

图1-1 房地产项目测绘工作程序流程图

1.4 房地产项目测绘的精度要求

1.4.1 测量误差的来源

精度，就是指误差分布的密集或离散程度。测量工作是由观测者使用仪器、工具，按照一定的方法，在一定的外界条件下进行的。无论何种测量，无论何种精密仪器，无论观测多么仔细，均无法求得测量的真值。例如，往返丈量某一段距离，每次观测结果都不会一致，这就是因为观测结果中存在测量误差的缘故。

产生测量误差的原因，有以下三方面：
(1) 仪器误差；
(2) 观测者的影响；
(3) 周围环境的影响。

1.4.2 测量误差的分类

测量误差按性质可分为系统误差和偶然误差两类。

1. 系统误差

在相同条件下对某量作一系列观测，如果误差的数值和符号呈规律性的变化或者保持某一常数，那么这类误差称为系统误差。产生系统误差的主要原因是测量仪器、工具的不完善或外界条件的变化。

系统误差是一种规律性的误差，可采用计算方法或观测方法予以消除或大大减弱。

2. 偶然误差

在相同条件下对某量作一系列观测，如果误差的大小和符号都表现出偶然性，即从表面上看没有任何规律性，那么这种误差称为偶然误差。

偶然误差是不可避免的，它不能用计算改正或改变观测方法来消除，只能靠增加观测个数来提高观测值的精度。

实际工作中，因观测者的疏忽大意，会出现如读错、记错、照准错、仪器安置不合要求等错误，这一类问题称为粗差。粗差必须避免，不允许在成果中存在。为了杜绝粗差，除了加强作业人员的责任心，提高操作技能外，还应采取必要的检核措施。

1.4.3 衡量测量精度的指标

实际工作中，常用以下几个精度指标作为衡量测绘成果质量和可靠程度的定量性的指标。

1. 中误差

为了统一衡量在一定观测条件下观测结果的精度，取标准差 σ 作为依据是比较合适的。但是在实际测量工作中，不可能对某一量作无穷多次观测，因此定义按有限次观测的偶然误差求得的标准差为中误差 m，即：

$$m = \pm\sqrt{\frac{\Delta_1^2 + \Delta_2^2 + \cdots + \Delta_n^2}{n}} = \pm\sqrt{\frac{[\Delta\Delta]}{n}}$$

用上式计算中误差，需知观测值的真误差，但真误差往往无法求得，因而实际运用中，多利用观测值改正数 V 来计算中误差，即：

$$V_i = L - l_i$$

$$m = \pm\sqrt{\frac{[VV]}{n-1}}$$

式中　L——观测值的算术平均值；

　　　l_i——某次观测值；

　　　n——观测值个数。

而算术平均值的中误差 $M = \dfrac{m}{\sqrt{n}} = \pm\sqrt{\dfrac{[VV]}{n(n-1)}}$

2. 相对误差

在某些测量工作中，用中误差这个标准还不能反映出观测质量。例如用钢尺丈量 200m 及 40m 两段距离，观测值的中误差都是 ±2cm，但不能据此认为两者的精度一样，因为量距误差与其长度有关。为此，必须再引入另一种方法来衡量精度，即相对误差。它是中误差与观测值之比。相对误差通常以分子为 1 的分数式表示，即：

$$K = \frac{m}{L} = \frac{1}{L/m}$$

3. 允许误差

在实际工作中常采用二倍中误差作为允许误差，即：

$$\Delta_{允} = 2m$$

允许误差通常又称极限误差或最大误差，它是一组测量误差中允许出现的最大误差，测量规范中一般以此作为限差。

1.4.4　房地产项目测绘有关限差、误差的规定

1) 房屋边长测量设备需要定期检定，并符合以下精度要求：

(1) 经检定的钢卷尺，同尺两次测量读数之差 ΔD 应满足：

$$|\Delta D| \leq 0.0005D \ （D > 10\text{m 时}）;$$

$$|\Delta D| \leq 0.0001D \ （D \leq 10\text{m 时}）。$$

(2) 经检定的手持式测距仪，两次测量读数之差 ΔD 应满足：

$$|\Delta D| \leq 0.005\text{m}。$$

(3) 经检定的红外测距仪，一测回读数较差 ΔD 应满足：

$$|\Delta D| \leq 0.005\text{m}。$$

(4) 经检定的全站仪，一测回读数较差 ΔD 应满足：

$$|\Delta D| \leq 0.005\text{m}。$$

2) 房屋边长、层高多次测量的限差规定。

多次测量边长、层高结果较差绝对值应满足：

$$|\Delta D|（或|\Delta H|）\leq 0.005D（或 0.005H）。$$

D、H 为实测值，小于 10m 按 10m 计。

3）实测边长与经批准的图纸设计尺寸较差绝对值满足下式要求时，可认为实际房屋边长与设计值相符（其中 D 为实测边长，以米为单位）：

$$|\Delta D|\leq 0.03\text{m}（D\leq 10\text{m 时}）;$$
$$|\Delta D|\leq 0.003D（10\text{m}<D\leq 30\text{m 时}）;$$
$$|\Delta D|\leq 0.10\text{m}（D>30\text{m 时}）。$$

4）分割测点的精度为：相对于相邻控制点点位中误差不超过 ±0.05m。

5）房屋竣工（现状、变更、分割）测绘面积两次测算结果比较之差的限值按如下规定：

以套内建筑面积计，较差百分比不大于 0.6%；

以建筑面积计，较差百分比不大于 1%。

6）房产面积的精度要求

房产面积的精度分为三级，各级面积的限差和中误差不超过表1-1计算的结果。

房产面积的精度要求　　　　　　　　　　表1-1

房产面积的精度等级	限差	中误差
一	$0.02S^{1/2}+0.0006S$	$0.01S^{1/2}+0.0003S$
二	$0.04S^{1/2}+0.002S$	$0.02S^{1/2}+0.001S$
三	$0.08S^{1/2}+0.006S$	$0.04S^{1/2}+0.003S$

注：S 为房产面积（m^2）。

复习思考题

（1）房地产项目测绘的性质是什么？

（2）房地产项目测绘工作可分为哪两类，其工作流程是什么？

（3）房地产项目测绘应遵循哪些技术规范？

（4）房地产项目测绘有哪些误差、限差规定？

2 工程实例

受常州诚建房地产开发有限公司的委托，常州诚建测量队于 2007 年 4 月 12 日至 4 月 20 日对位于常州市钟楼区汤家村 55 号的商住楼龙源大厦进行了房屋面积测绘。

接到委托任务后，常州诚建测量队与常州诚建房地产开发有限公司于 2007 年 4 月 10 日签订了房产测绘合同（附录 A），将施测任务安排由测绘工程师陈××负责。陈××工程师在接到施测任务后，首先编制房产测量技术设计报告书（附录 B），然后根据技术设计报告书有计划有步骤地安排相关工作人员开展工作，最后向常州诚建房地产开发有限公司递交房屋面积测绘报告（附录 C）。

第 2 篇

外业篇

任务 1

测前准备

[教学目标]

掌握距离丈量工具的使用和检验方法。

了解测前准备工作的内容。

任务 1.1　检验丈量仪器

1.1.1　丈量仪器介绍

目前，房产测绘中常用的距离丈量工具主要有经检定的钢尺、手持式激光测距仪、全站仪等。

1. 钢尺

钢尺是用薄钢片制成的带状尺，可卷入金属圆盒内，故又称钢卷尺，钢尺外观如图 1-1 所示。尺宽约 10～15mm，长度有 20m、30m 和 50m 等几种。根据尺的零点位置不同，有端点尺和刻线尺之分。

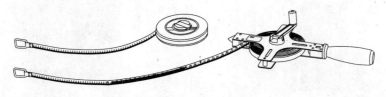

图 1-1　钢尺外观

钢尺的优点：钢尺抗拉强度高，不易拉伸，所以量距精度较高。

钢尺的缺点：钢尺性脆，易折断，易生锈，使用时要避免扭折、防止受潮。

2. 手持式激光测距仪

手持式激光测距仪是脉冲式激光测距仪中一种新型测距仪，它不仅体积小、重量轻，还采用数字测相脉冲展宽细分技术，无需合作目标即可达到毫米级精度，测程已经超过100m，且能快速准确地直接显示距离，是房屋建筑面积测量中最新型的长度计量标准器具。现应用较多的是 Leica 公司生产的 DISTO 系列手持式激光测距仪，如图1-2所示。

图1-2　瑞士 Leica 公司生产的 DISTO A3 手持式测距仪

3. 全站仪

全站仪是一种集光、机、电为一体的高技术测量仪器，是集水平角、垂直角、距离（斜距、平距）、高差测量功能于一体的测绘仪器系统，其外观如图1-3、图1-4所示。因其一次安置仪器就可完成该测站上全部测量工作，所以称之为全站仪。

图1-3　南方 NTS—300 系列　　　　图1-4　南方 NTS—960 系列

当已竣工房屋存在圆形、弓形或其他不规则图形，且无建筑施工图可获得相应的图形元素时，可使用全站仪沿该图形边线实测若干特征点或拐点的点位坐标，通过解析法计算面积。

当房屋的边长较长且直接测量有困难时，或需要校核总边长与分段之和而又无法直接测量总边长时，可采用全站仪实测坐标后计算相应总边长值。

1.1.2 丈量仪器的使用

1. 钢尺

钢尺的基本分划为毫米，在每米、每分米及每厘米处都刻有数字注记。钢尺根据其零点位置的不同，有端点尺和刻线尺之分。端点尺是以尺的前端边缘作为尺的零点，如图1-5（a）所示；刻线尺是以尺的前端某处做一零分划作为尺的零点，如图1-5（b）所示。

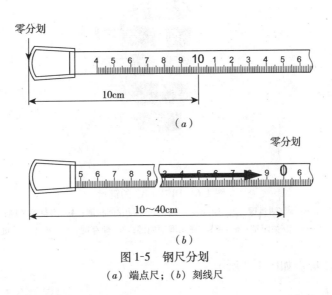

图1-5 钢尺分划
(a) 端点尺；(b) 刻线尺

2. 手持式激光测距仪

手持式激光测距仪，现应用最多的是Leica公司生产的DISTO系列，下面我们就以DISTO A3为例介绍其使用方法。

1) DISTO A3 的技术参数

见表1-1所列。

DISTO A3 技术参数	表1-1
测量范围（m）	0.05~100
测量精度（mm）	±3
测量单位	m, ft, in
波长（nm）	635

续表

工作温度（℃）	-10 ~ +50
电池（型号）	AA 2×1.5V
每电池组可测量（次）	5000
尺寸（mm×mm×mm）	135×45×31
连同电池的重量（g）	145

2）DISTO A3 的构造

（1）键盘。如图1-6所示。

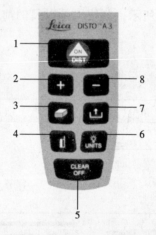

图1-6　DISTO A3 的键盘

1—开启/测量键；2—加（+）键；3—面积/体积键；4—测量参考键；
5—清除/关闭键；6—单位/显示屏照明键；7—储存键；8—减（-）键

（2）显示屏。如图1-7所示。

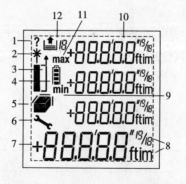

图1-7　DISTO A3 的显示屏

1—错误测量值信息；2—激光开启；3—测量参考（前端/后端）；4—电池电量指示；
5—面积/体积；6—硬件错误；7—主值显示区；8—带指数单位；
9—连续测量的最小值；10—三行辅助显示区；11—连续测量的最大值；12—历史储存值

3）使用方法

（1）开机。短暂按下开启键（键盘1键），此时激光启动。

（2）按测量参考键（键盘4）进行参照设置，默认参照设置是以仪器后端为测量起点。

（3）按测量键（键盘1）打开激光，将仪器对准所要测量的目标。

（4）再次按下测量键，测量所得距离数据将以指定的单位显示在显示屏上。

3. 全站仪

全站仪几乎可以用在所有的测量领域。电子全站仪由电源部分、测角系统、测距系统、数据处理部分、通信接口及显示屏、键盘等组成。虽然各个厂家、不同型号全站仪的具体操作稍有差异，但基本使用方法大致相同。下面我们就以南方测绘生产的 NTS-305A 全站仪为例，具体介绍其进行坐标测量的方法。

1）NTS-305A 全站仪的部件名称及操作面板

如图 1-8、图 1-9 所示。

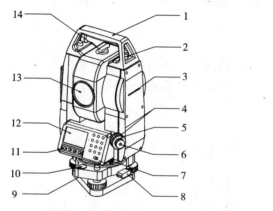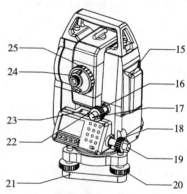

图 1-8 NTS-305A 部件名称

1—提柄；2—提柄固紧螺钉；3—仪器高标志；4—光学对中器调焦环；5—光学对中器分划板护盖；6—光学对中器目镜；7—数据输入输出端口；8—三角基座制动控制杆；9—圆水准器校正螺钉；10—圆水准器；11—操作面板；12—显示窗；13—物镜；14—粗瞄准器；15—电池；16—垂直微动手轮；17—垂直制动手轮；18—水平微动手轮；19—水平制动手轮；20—脚螺旋；21—三角基座；22—照准部水准器校正螺钉；23—照准部水准器；24—望远镜目镜；25—望远镜调焦环

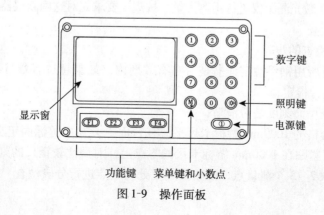

图 1-9 操作面板

2）使用方法

（1）安置仪器。

首先，将三脚架打开，伸到适当高度，拧紧三个固定螺旋。

其次，将仪器小心地安置到三脚架上，移动仪器三脚架使光学对中器的刻划中心与测站点标志中心基本重合。

再次，根据基座上圆水准器气泡偏离中心的位置，升降三脚架的高度，直至圆水准器气泡居中。

然后，转动照准部，使其上的管水准器与任一对脚螺旋的连线方向平行，旋转脚螺旋使管水准器气泡居中（气泡移动方向与左手大拇指旋转脚螺旋的运动方向一致），再将照准部旋转90°，使管水准器与这对脚螺旋的连线方向垂直，转动第三个脚螺旋，使管水准器气泡居中。再将照准部转回原位置，检查气泡是否居中，若不居中，则重复前述步骤。

最后，检查是否精确对中。若精确对中，则仪器安置完成；否则，需要稍微松开连接螺旋，在架头上平移基座，使仪器精确对中，再重新精确整平，如此反复，直至对中和整平均满足要求为止。

（2）设置测站坐标和后视坐标。

开机（按住电源键约3s），进入菜单模式第一页，选择数据采集菜单下的坐标数据功能，按［F1］键输入测站坐标，测站坐标输入完成后，按［F2］键输入后视坐标。

（3）设置后视方向。

后视点坐标输入完成后，用望远镜照准后视点，按［是］键，后视方位角设置完成。

（4）测量待定点坐标。

后视方向设置完成后，按［F3］键进入测量状态，输入一个文件名和待测点点号后，照准待测点棱镜，屏幕上即可显示出待测点坐标值，按［记录］键存储坐标数据。

1.1.3 丈量仪器的检查

以基础知识篇中所述工程实例为例，测量人员王××、周××决定使用20m钢尺和DISTO A3激光测距仪进行距离丈量。按规定要求先对这两款仪器进行检查。

1. 钢尺检查

1）钢尺检查的步骤

（1）检查所用钢尺检定证书是否在有效期内，如果超过有效日期，需要重新送检定部门进行检定；

（2）检查尺面刻度是否清晰；

（3）将合格的1000mm游标卡尺平放在台面上，并把游标固定在1000mm处，将钢尺的零点紧贴在1000mm游标卡尺的零点上，对照比较钢尺的刻度；

（4）另取2~3个测量点，以整米刻度处为零点进行分段检查，对照比较钢尺的刻度；

（5）每次测量精度允许误差在 ±1.0mm，超出精度范围则判定为不合格。

2）检查结论

合格或不合格。

2. DISTO A3 激光测距仪的检查

首先确认所用测距仪的检定证书是否在有效期内，检定证书如图 1-10 所示。

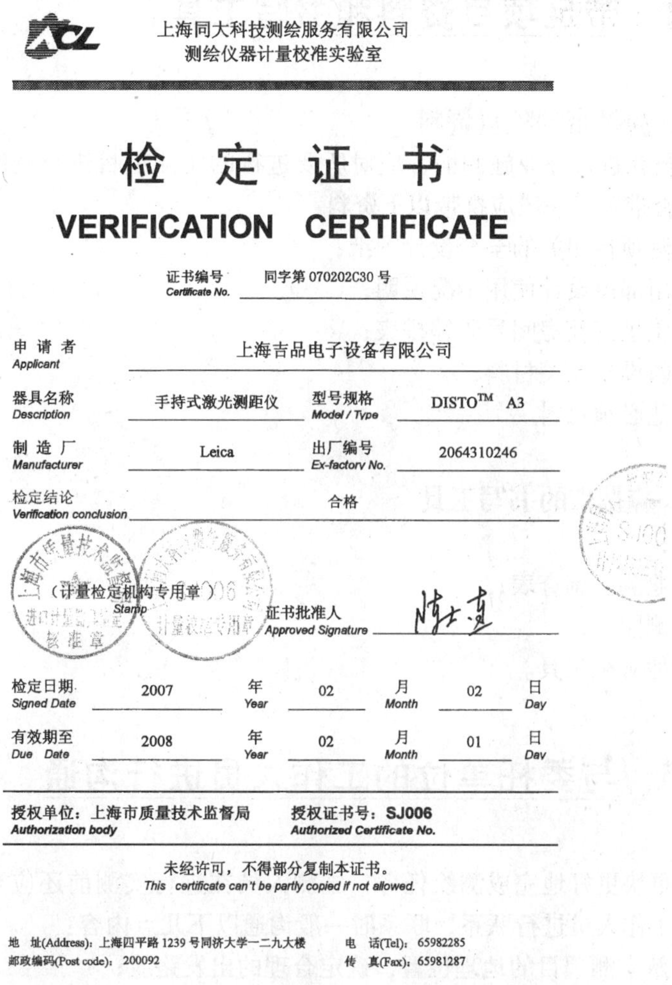
上海同大科技测绘服务有限公司
测绘仪器计量校准实验室

检 定 证 书
VERIFICATION CERTIFICATE

证书编号 Certificate No. 同字第 070202C30 号

申 请 者 Applicant	上海吉品电子设备有限公司		
器具名称 Description	手持式激光测距仪	型号规格 Model / Type	DISTO™ A3
制 造 厂 Manufacturer	Leica	出厂编号 Ex-factory No.	2064310246
检定结论 Verification conclusion	合格		

（计量检定机构专用章） Stamp

证书批准人 Approved Signature

检定日期 Signed Date 2007 年 Year 02 月 Month 02 日 Day

有效期至 Due Date 2008 年 Year 02 月 Month 01 日 Day

授权单位：上海市质量技术监督局 Authorization body　授权证书号：SJ006 Authorized Certificate No.

未经许可，不得部分复制本证书。
This certificate can't be partly copied if not allowed.

地 址(Address)：上海四平路 1239 号同济大学一二九大楼　电 话(Tel)：65982285
邮政编码(Post code)：200092　传 真(Fax)：65981287

图 1-10　DISTO A3 手持式激光测距仪检定证书

然后根据国家计量检定规程《手持式激光测距仪》JJG 966—2001 规定，通过首次检定的测距仪，在使用过程中应检定外观质量与功能、测量重复性两个项目。

1）检查外观质量与功能

通过目视观察检查外观质量，通过试验检查各功能键是否正常。

2）检定测量重复性

在长度大于3m的距离两端分别安置测距仪与反射板。将仪器一次照准目标后以单次测量方式连续测距10次,并读取读数x_i。测量重复性按公式 $s = \sqrt{\sum (x_i - \bar{x})^2 / (n-1)}$ 进行计算。如果$s > 1.5mm$,则仪器不合格。

3) 检查结论

合格或不合格。

任务1.2　带足项目资料和书写工具

1.2.1　应携带的项目资料

施测人员在进行外业施测前,应对所要进行的实测项目进行查阅,检查所需项目资料是否带全。一般应携带以下资料:

(1) 所测项目相关的全套设计图纸;
(2) 公用部位设计使用情况说明;
(3) 房屋坐落及房间号码编排表;
(4) 人防设施相关材料;
(5) 其他必须材料。

1.2.2　应携带的书写工具

(1) 笔;
(2) 外业测丈调查表;
(3) 预测图纸;
(4) 其他必须工具。

任务1.3　与委托单位的工作人员进行沟通

为了能更快更好地完成测绘任务,施测人员在进行实测前还应当主动与委托单位的相关工作人员进行联系,联系时一般沟通以下几点内容:

(1) 了解实测项目的地理位置,确定合理的出发路线;
(2) 了解实测现场的基本情况,确定合适的测绘程序;
(3) 确定准确的测绘时间,请其做好相关协助工作。

实操作业

(1) 房产测绘工作中常用的距离丈量工具有哪些?
(2) 练习使用徕卡DISTO A3手持测距仪进行距离测量。
(3) 外业施测前应做哪些准备工作?

任务 2

房产调查

[教学目标]

了解房屋调查的内容，掌握房屋调查表的填写方法。

了解房屋用地调查的内容，掌握房屋用地调查表的填写方法。

房产调查是根据房产测量的目的和任务，结合房地产行政管理和经营管理的需要，对房屋和房屋用地的位置、权界、属性、数字等基本情况及地理名称和行政境界进行的调查。房产调查分为房屋调查和房屋用地调查。

任务 2.1　房屋调查

房屋是人们直接或辅助生产、生活、办公与学习的场所。它应具备门、窗、顶盖及围护设施。房产测绘及管理的主要对象即是房屋及其用地，因此对房屋各要素的调查是房产调查的重要内容。房屋调查应在房屋调查表的配合下进行，并同时绘制出房屋调查略图。

2.1.1　房屋权属单元的划分与编号

幢是房屋的计量单位，指一座独立的、包括不同结构和不同层次的房屋。

实际房屋分幢中，需注意以下几种特殊情况：

（1）房屋建成后又扩建、修建，其扩修部位无论其结构与原房屋结构是否相同，只要形成整体的仍作为一幢。

(2) 紧密相连的房屋，不可分割的，可作为一幢。
(3) 多功能的综合楼，其主楼和裙楼合为一幢。
(4) 房屋间以过道或通廊相连的，可独立分幢，过道或通廊作为房屋的共有共用设施处理。

幢号以丘为单位，按房屋权属单元的次序，从大门口开始从左到右、从前到后，用数字1、2、3……顺序按S形编号。每幢永久性的合法房屋均应编号。在一丘内，各房屋的编号为唯一的。

在一丘内对房屋编号时，除按上述原则正常编立幢号外，还必须记录其产权人，并在图中加编房产权号。房产权号用标识符A表示；共有权号用标识符B表示；房屋所有权的他项权利，在编号后加编C表示房产典当权，在编号后加编D表示房产抵押权。

2.1.2 房屋调查的内容

房屋调查的内容包括房屋的坐落、产权人、产别、层数、所在层次、建筑结构、建成年份、用途、墙体归属、权源以及产权纠纷和他项权利等基本情况，详见房屋调查表（表2-4）。在表中还要画出房屋权界线示意图。

1. 房屋坐落

房屋坐落是指其在实地的由民政部门统一命名的行政区划名称和自然街道名称以及由公安部门统一订立的门牌号。

对于多元产权房屋中的各权属单元，还应分别按其实际占有的建筑部位，调查单元号、层次、户号和室号。

对于建立有档案资料的房屋，其图、册及页号也是房屋坐落的内容。图号为房屋所在分幅平面图的图号，册、页号是按房屋图卡装订成册时，房屋所在的册、页所编定的序号。

2. 房屋产权人

房屋产权人（或称权利人）是指依法享有房屋所有权和该房屋占用范围内的土地使用权、房地产他项权利的法人、其他组织和自然人。

调查房屋产权人，一般应与有关房地产产籍资料所记载的依法建设或取得房屋所有权的法人和其他组织或自然人名称或姓名保持一致，法人和其他组织名称按其法定名称完整注记，不得简化注记，自然人用身份证件上姓名注记，必要时同时调查注记曾用名、别名和化名。

私人所有房屋，有产权证的按产权证上产权人姓名记录；产权人已死亡的，应注明代理人的姓名；产权是共有的，应注明全体共有人姓名；房屋是典当的，应注明典当人姓名及典当情况；产权人已死亡又无代理人，产权归属不清或无主房地产，以"已亡"、"不清"、"无主"注记；没有产权证的私有房屋，其产权人应为依法建房或取得房屋的户主的户籍姓名，并应调查未办理产权的原因。

单位所有的房屋，应注明具有法人资格的所有权单位的全称，不具备法人资格的单位不能作为房屋的所有权人。主管部门作为所有权人，但房地产为其下属单位实际使用，除注记主管部门全称外，还应注明实际使用房地产的单位全称。

两个以上单位共有的房屋，所有权人应注明全体共有单位名称。

房地产管理部门直接管理的房屋，包括公产、代管产、托管产和拨用产，产权人均应注明市一级市（县）政府房地产管理机关的全称。其中，代管产还应注明代管及原产权人姓名；托管产还应注明托管及委托人的姓名或单位名称；拨用产还应注明拨借单位名称。

3. 房屋产别

房屋产别是指根据产权占有不同而划分的类别（表2-1）。产别分类如下：

（1）国有房产，是指国家所有的房产。包括由政府接管、国家经租、收购、新建以及由国有单位用自筹资金建设或购买的房产。包括直管产、自管产、军产。

（2）集体所有房产，是指集体所有制单位所有的房产。

（3）私有房产，是指私人所有的房产。包括中国公民、港澳台胞、海外侨胞、在华外国侨民、外国人所投资建造、购买的房产。

（4）联营企业房产，是指不同所有制性质的单位之间共同组成新的法人经济实体所投资建造、购买的房产。

（5）股份制企业房产，指股份制企业所投资建造购买的房产。

（6）港、澳、台投资房产，指港、澳、台地区投资者以合资、合作或独资在大陆创办的企业所投资建造或购买的房产。

（7）涉外房产，指中外合资经营企业、中外合作经营企业和外资企业、外国政府、社会团体、国际性机构所投资建造或购买的房产。

（8）其他房产，凡不属于以上各类别的房屋都归在这一类。包括因所有权人不明，由政府房地产管理部门、全民所有制单位、军队代为管理的房屋以及宗教用房等。

房屋产别分类表　　　　　　　　　　　　表2-1

一级分类		二级分类		一级分类		二级分类	
编号	名称	编号	名称	编号	名称	编号	名称
10	国有房产	11	直管产	40	联营企业房产		
		12	自管产	50	股份制企业房产		
		13	军产	60	港、澳、台投资房产		
20	集体所有房产			70	涉外房产		
30	私有房产	31	部分产权	80	其他房产		

4. 房屋总层数与所在层次

房屋层数是指房屋的自然层数，一般按室内地坪±0.000以上计算。房屋总层数为房屋地上层数与地下层数之和。

调查房屋层数时应注意以下几个问题：

（1）采光窗在室外地坪以上的半地下室，其室内层高在2.20m（含2.20m）以上的应计算自然层数；

（2）假层、附层（夹层）、插层、阁楼（暗楼）、装饰性塔楼以及凸出屋面的楼梯间、水箱间等均不计层数；

（3）利用屋面搭盖的与正屋不同结构的房屋不计层数；

（4）房屋建筑无论是现实还是历史的，各建筑风格不同，形式多样且差异甚大，因此调查房屋层数，不应在室外凭直观获得调查结果，而应到房屋内部勘察。

所在层次是指本权属单元的房屋在该幢楼房中的第几层。地下层次以负数表示。

在存在跃层（复式结构）的房屋中，一般将其各部分的首层都划为第一层，以上相应部位划为同一层次；假层、附层（夹层）、阁楼（暗楼）不另编层次，将其划入相应的层次之中，说明为"某层附层"等，如图2-1所示。

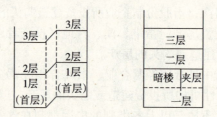

图2-1　复式结构楼层划分示意图

5. 房屋建筑结构

房屋的建筑结构是指根据房屋的梁、柱、墙等主要承重构件的建筑材料划分的类别。

确定房屋的建筑结构及其分类，基本目的是区别和反映房屋建筑的质量等级，按照其承重体系所采用的建筑材料而划分建筑结构的类别。房屋建筑结构分类及编号如表2-2所列。

房屋建筑结构分类表　　　　表2-2

结构分类	钢结构	钢、钢筋混凝土结构	钢筋混凝土结构	混合结构	砖木结构	其他结构
缩写	钢	钢-钢混	钢混	混合	砖木	其他
编号	1	2	3	4	5	6

随着建材工业的更新换代和建筑科学的发展，大量采用新材料、新工艺设计建造的高层建筑、大型综合楼不断涌现，房屋的结构也从单一趋向多元化，因此各地可根据需要，在现行六个分类基础上，自行拟定二级分类，并按正常手续报请有关主管部门审批。

在房屋建筑结构调查中，因房屋的粉刷和装饰掩盖了房屋的结构，使其很难直观分辨，因此要仔细勘察确认，必要时还应参考结构设计资料，切忌凭直觉判定。

6. 房屋建成年份

房屋建成年份是指实际竣工年份。拆除翻建的，应以翻建竣工年份为准。建成年份仅用数字填表即可。一幢房屋有两个以上的建成年份，应分别注明。

7. 房屋用途

房屋用途是指人们利用房屋从事的生产、生活及经营活动的性质。房屋用途调查中，如一幢房屋具有两种以上的用途，应分别注明。房屋用途分类标准详见表2-3。

房屋用途分类表　　　　　表2-3

一级分类		二级分类		一级分类		二级分类	
编号	名称	编号	名称	编号	名称	编号	名称
10	住宅	11	成套住宅	40	教育医疗卫生科研	41	教育
		12	非成套住宅			42	医疗卫生
		13	集体宿舍			43	科研
20	工业交通仓储	21	工业	50	文化娱乐体育	51	文化
		22	公用设施			52	新闻
		23	铁路			53	娱乐
		24	民航			54	园林绿化
		25	航运			55	体育
		26	公交运输	60	办公	61	办公
		27	仓储	70	军事	71	军事
30	商业金融信息	31	科研、设计	80	其他	81	涉外
		32	教育			82	宗教
		33	医卫			83	监狱
		34	金融保险				
		35	电信信息				

8. 房屋墙体归属

房屋墙体归属是房屋四面墙体所有权的归属。墙体归属以权属单元为单位调查。墙体的归属根据具体情况可划分为自有墙、共有墙和借墙三类。墙体归属调查时，依据相应的产权产籍资料，由毗邻各权利人共同确定，并及时在权界示意图中加以记录表示。如产权产籍资料及权利人双方对某一界墙的归属存在争议，难以确定时，应及时做好协调工作，并在主管部门的指导下尽量对争议部位的权属依法加以明确。

9. 房屋权源

房屋权源是指产权人取得房屋产权的时间和方式。

房屋为两种以上产权来源并存时应分别注明，并分别注明各权源形式的房产份额。

权源依房屋所有权分类不同，其表现形式也不尽相同。

对于直管公产，其权源有接管、没收、捐献、抵赃、移交、收购、交换、新建、"由代改接"、"由经改接"等；对于单位自管公产，其权源有新建、调拨、价拨、交换等；对于私产，其权源有继承、分析、买受、受赠、发还、自建、翻建等。

时间指房屋所有权人取得该栋房屋所有权的有关文件上规定的日期。

10. 他项权利

他项权利指房屋所有权上设置有其他的权利。种类有典权、抵押权等。

典权，俗称"典当"，亦称"活卖"，是房屋产权人将其房地产以商定的典价典给承典人，承典人取得使用房屋的权利。

抵押权，是房屋产权人为清偿自身或他人债务，通过事先约定将自己所有的房地产作为担保物，抵押给抵押权人的权力。

当房屋所有权上发生他项权利时，相关调查应根据产权产籍资料记载事实结合实际情况加以记录。

2.1.3 房屋分层分户调查

1. 分层调查

房屋的分层调查是准确测算房屋各层建筑面积，进而准确测算整幢建筑面积的基础工作。通过分层调查，定性确定房屋各部位及其附属构件的范围及功能，以利于面积的逐一准确测算。

1）层的说明

（1）自然层：房屋中供人们正常生产、工作与学习的楼层叫做自然层。

（2）技术层：高层建筑中为方便房屋上下部位的使用而建设的楼层，其主要功能为管网改道、承重部位变换等。

（3）地下层：设置于室外地坪面之下的楼层叫做地下层，其墙体和地坪一般经过了防潮处理。与地下层相似的地下架空层是利用房屋架空基础而建造的楼层。

（4）平台层：即房屋屋面层。在平台层上一般设有楼梯间、电梯控制间及水箱或水箱间等。

（5）假层：房屋的最上一层，四面外墙的高度一般低于自然层外墙的高度，内部房间利用部分屋架空间构成的非正式层，其净空高大于 1.7m 部分，面积不足底层 1/2 的叫做假层。

(6) 气层：利用房屋人字架的高度建成，并设有老虎窗的叫做气层。

(7) 夹层和暗楼：建筑设计时，安插在上下两正式层之间的房屋，叫做夹层；房屋建成后，利用房屋上下两正式层之间的空间添加建成的房间，叫做暗楼。

(8) 过街楼和吊楼：横跨里巷两边房屋建造的悬空房屋，叫做过街楼；一边依附于相邻房屋，另一边为支柱支撑的悬空房屋叫做吊楼，两者其上层均计为正式层，下面空间部分不计为层。

2) 附属结构房屋

(1) 阳台。按其位置分类为：凹阳台、凸阳台、半凹半凸阳台；按其结构分类为：内阳台、挑阳台；按其形式分类为：封闭阳台、不封闭阳台。

(2) 走廊。按其位置分为：内走廊、外走廊、通廊、檐廊；按其结构分为：柱廊、挑廊。

(3) 天井、天篷。房屋中心用于采光和通风的中空部分为天井，当天井有顶篷时，称天篷。与天井结构形式相似的还有通风井、垃圾道等。

(4) 室外楼梯。建设于房屋主体外的楼梯称室外楼梯。

(5) 层高。上下两层楼面或楼面与地面之间的垂直距离为层高。

2. 分户调查

多元产权房屋中，分户调查确定各户（即权属单元）独立用房范围和共有共用的用房范围、户间界墙的权属以及共有共用房的共有共用关系，并同时收集各权属单元对房产的划分约定协议。

2.1.4 房屋调查表的格式与填写方法

1. 房屋调查表的格式

房屋调查表格式详见表 2-4。

2. 房屋调查表的填写方法

1) 房屋调查表以丘和幢为单位逐项实地进行调查

对于组合丘内支丘中的房屋，填制房屋调查表时还需说明以下几点：

(1) 以用地单元即丘为单位填制索引表，项目只填序号、房屋坐落、产别、幢号、总层数、建筑结构、建成年份、总占地面积和总建筑面积等（其他项目均可不予填写）；再以权属单元为单位分别填表，各权属单元按表式据实填写各自占有情况和房屋基本情况的具体内容；

(2) 各权属单元填表完毕，其面积等计量项目必须与索引表填列之事实归口平衡；

(3) 表的序号栏，应连同索引表和各权属单元的分表一并记数编号；总号（页）在前，分号在后，中间用短直线连接；分号则以索引表在前，各权属单元在后并按所在层次、房（室）号的有序排列规则依次编号。

2) 绘制房屋调查示意图

(1) 分幢调查示意图。

表 2-4

房屋调查表

市区名称或代码		房产区号		房产分区号		丘号		序号	
坐落	区（县）		街道（镇）		胡同（街巷）号			邮政编码	
产权主			住址				产别		电话
用途									
房屋状况	幢号	权号	户号	总层数	所在层次	建筑结构	建成年份	占地面积 (m²)	使用面积 (m²)	建筑面积 (m²)	墙体归属				产权来源
											东	南	西	北	
房屋权属界线示意图														附加说明	
														调查意见	

调查者：　　　　　　　　　　　　　　　　　　　　　　　年　　月　　日

逐幢调查房屋房产要素的同时，应以丘为单位按概略方位和比例尺绘制房屋调查示意图。示意图反映出各房屋的形状、相对位置、四邻关系以及各房屋的编号。对于单幢房屋各层结构变化较大的还应以层为单位，逐层绘制各层房屋示意图，反映出各层的主体形状和各附属设施的位置及用途。

（2）房屋分层、分户调查示意图。

绘制房屋分层、分户示意图时，首先应收集房屋施工平面图及分户资料，再依据资料结合实际调查情况，以层为单位，按概略比例逐户进行绘制。

表示的内容包括，分层房屋主体及该层附层构件位置及名称，各分户范围及分户用房界线，共有共用部位范围及其用途，墙体归属，争议权界。

绘制房屋调查示意图时，应按《房产测量规范》图式绘制。房屋调查示意图可一并作为房屋测丈记录略图。

任务 2.2　房屋用地调查

2.2.1　房屋用地调查的内容

房屋用地调查以丘为单位进行，调查内容包括：用地坐落、产权性质、等级、税费、使用权主、用地人、用地单位所有制性质，使用权来源、四至、界标、用地用途分类、用地面积和用地纠纷等基本情况。房屋用地调查记簿应采用专门的"房屋用地调查表"（表2-6），并绘制用地范围略图。

1. 房屋用地坐落

房屋用地坐落是指其在实地的由民政部门统一命名的行政区划名称和自然街道名称以及由公安部门统一订立的门牌号。

调查中，当房屋用地实地位于较小里弄、胡同、小巷时，坐落前要加注主要自然街道名称；房屋用地临两个以上的街道或有两个以上的门牌号时，均应分别注明，并按其主次顺序注明；当房屋用地暂缺街道门牌号时，可以用毗邻或临近房屋用地坐落的相对位置加以说明，也可以用房屋用地中主要标志性建筑物名称代替；组合丘内，应根据各权属单元实际用地的位置加以说明，实际地名改变时，应在老名称前加注一"老"字，新名称前加注一"新"字。

在房地产产权产籍档案管理中，图号或房产分区号也是坐落的重要内容，图号指房屋用地主门牌号所在的分幅图号，房产分区号指房屋用地所在房产分区编码。范围较大的地块，可能同时跨两个或两个以上的行政区，调查用地的坐落时行政区名以其用地大部分所在的区或其行政隶属关系为准。

2. 房屋用地的产权性质

房屋用地的产权性质按国有、集体两类填写。集体所有的还应注明土地所有单位的全称。

3. 房屋用地的等级

城镇土地等级是根据市政建设情况、经济繁荣程度、商业发展程度、公用事业及交通状况、城市发展规划、工程地质条件及自然生态环境等条件综合评估而划分的等级。

各地方人民政府根据国家土地等级划分的总原则，结合本地区的特点制定适合本地区的地区性土地等级评估标准，并按该标准划分土地各等级的区域。房屋用地等级根据其所在区域土地等级填写。

4. 房屋用地的税费

土地税费的调查按税务机关提供的征税资料或者缴税人提供的缴税证明，按年计征额填写。其中属于免征对象应注明"免征"，并简注原因。对于外资企业和中外合资企业的用地，依照国家法律和国务院有关规定执行，调查中也必须向征收部门收集有关资料进行填写。

5. 房屋用地的使用权主

房屋用地的使用权主是指房屋用地的产权主的姓名或单位名称。

6. 房屋用地的使用人

房屋用地的使用人是指房屋用地的使用人的姓名或单位名称。

7. 房屋用地的使用权来源

房屋用地的使用权来源是指取得土地使用权的时间和方式。取得土地使用权的时间以获得土地使用权正式文件的日期为准。取得土地使用权的方式有征用、划拨、出让和转让等。

8. 房屋用地四至

用地四至是指用地范围与四邻接壤的情况，一般按东、南、西、北方向注明邻接丘号或街道名称。

9. 房屋用地范围的界标

房屋用地范围的界标是指用地界线上的各种标志。界标有"硬界"和"软界"之分。硬界，是有明显和固定的线状地物作界线，包括房屋的墙沿、围墙、栅栏、钢丝网以及固定的坎、坡等。软界，是没有明显的地物作界线。

10. 房屋用地用途分类

城镇房屋用地的类别按表2-5执行。一块用地内的房屋类别不完全相同时，以其主要的或多数的类别为准。一般来说，一块用地应分为一类，特殊情况下，可按用地内各幢房屋用地的实际情况分别划分类别。

11. 房屋用地面积

调查房屋用地面积时应根据用地单位合法取得土地使用权的文件或已进行过房屋用地登记的产权产籍档案资料进行调查。

房屋用地面积指的是用地单位实得面积，即实红线内的面积。实红线外、虚红线内的面积为代征面积。根据文件调查时，除记录实得面积外，还应对虚红线范围内的代征路、市政设施及各类通道所用面积进行调查记录。根据产权资料调查时，直接记录用地数量。

房屋用地用途分类表　　　　　　表 2-5

一级分类		二级分类		一级分类		二级分类	
编号	名称	编号	名称	编号	名称	编号	名称
10	商业金融业用地	11	商业服务业	60	交通用地	61	铁路
		12	旅游业			62	民用机场
		13	金融保险业			63	港口码头
20	工业、仓储用地	21	工业			64	其他交通
		22	仓储	70	特殊用地	71	军事设施
30	市政用地	31	市政公用设施			72	涉外
						73	宗教
		32	绿化			74	监狱
40	公共建筑用地	41	文、体、娱	80	水域用地		
		42	机关、宣传	90	农用地	91	水田
		43	科研、设计			92	菜地
		44	教育			93	旱地
		45	医卫			94	园地
50	住宅用地			100	其他用地		

2.2.2 房屋用地调查表的格式与填写方法

1. 房屋用地调查表的格式

房屋用地调查表的格式详见表 2-6。

2. 房屋用地调查表的填写方法

1）房屋用地调查表

房屋用地调查表是进行房屋用地调查的标准表格，进行房屋用地调查时，应以丘为单位，按表中内容认真调查填制，对于组合丘，填制中还应注意如下问题：

（1）整丘的调查表是各支丘房屋用地调查表的索引，只需填写图幅号或房产分丘号、坐落、用地等级与分类、用地面积和用地示意图等共性项目，各支丘应分别另按调查表逐项填写；

（2）房屋用地调查表和房屋调查表相关内容应相互配套；

（3）房屋用地调查表整编时，序号栏应以整丘编序号，各支丘所用的调查表编为该整丘调查表所编序号的分号，序号与分号间用短直线连接；

（4）房屋用地调查表按房产（分）区进行或按图幅编订成册。

2）房屋用地范围示意图

房屋用地范围示意图是以房屋用地单元即丘为单位，主要表示房屋用地范围及其权属界线，并用概略比例尺绘制的略图。

房屋用地范围示意图应表示的内容有：

（1）用地位置；

表 2-6

房屋用地调查表

市区名称或代号 _____ 房产区号 _____ 房产分区号 _____ 丘号 _____ 序号 _____

坐落	区(县)		街道(镇)		胡同(街巷)号		电话		邮政编码	
产权性质	产权主				土地等级		税费			
使用人	住址						所有制性质			
用地来源							用地用途分类			
用地状况	四至	东	西	北		东		南		西	北
	面积(m²)	合计用地面积	房屋占地面积	院地面积		界标					
						分摊面积					
用地略图								附加说明			

年　　月　　日

调查者：

（2）用地界线及其权属，包括共用院落界线；
（3）界标及其类别；
（4）用地范围内房屋的位置及形状；
（5）注记房屋用地界线边长，包括共用院落的相对定位关系尺寸；
（6）标注用地四至方位符号。

实操作业

（1）调查一幢房屋并填写房屋调查表。
（2）以丘为单位对房屋用地进行调查并填写房屋用地调查表。

任务3

分层分户测量

[教学目标]

了解房屋分层分户测量的意义。

掌握房屋分层分户测量的程序及注意事项。

分层分户测量是进行房屋面积测算和房产图绘制的重要依据，是房地产项目测绘工作中非常重要的一个环节。因此，为了提高工作效率，避免出现失误，施测人员在到达实地后，应先对所测项目进行巡视。

房屋巡视一般遵循以下工作程序：

（1）房屋层数的构成情况，是否有退层、错层、阁楼、地下室；

（2）是否有单元、门牌号码组成，大型联体结构的综合楼是否有塔楼、裙楼组成、是否有能够分成单独幢的房屋组成；

（3）阳台、露台的基本情况，注意阳台与露台的区别，阳台是封闭还是不封闭、是有盖还是无盖、是否为错位阳台、是否为异形阳台；

（4）各种廊的情况，是否有柱、有盖，是消防廊还是其他廊，门斗、门廊是单柱、双柱还是多柱，注意门斗与大雨篷的区别；

（5）是否有主墙体、室外楼梯和各种外管道；

（6）伸缩缝、沉降缝、抗震缝的宽度，缝内的房间是否相通，幢与外幢之间的分割墙体；

（7）外墙体与幕墙之间的关系，外墙体的装饰情况要列出哪些装饰部分算到主墙体；

（8）顶层是否有装饰性的塔、顶盖、构配件；

（9）底层外走廊、檐廊、骑楼、过街楼是否临街，还是仅为小区、为整幢服务；

（10）附属房屋的服务情况；

（11）初步确定该房屋的大功能区，是否有斜面及坡屋顶；

（12）确定方位。

任务3.1　房屋分层测量

3.1.1　房屋分层测量的程序

房屋分层测量按照先整体、后局部，先下层、后上层，先外部、后内部，先容易、后复杂，先明了、后隐蔽的顺序逐一测量。

3.1.2　房屋分层测量的注意事项

（1）当有标准层时，注明哪层至哪层相同，但一定要丈量其中主层和此标准层的最上一层。如相同层多于5层，中间层一定要在分户丈量中复核一层，以此类推；

（2）将分层中的大边尺寸相加积累之后与该层外框尺寸配比，在误差范围内取平差；

（3）丈量分层类的技术层、附层、夹层、假层、老虎窗、气屋、暗楼以及复式层、退层与自然层的关系；

（4）注意量取其中架空层、避难层、设备转换层的高度是否有2.20m；

（5）每层核心筒、电梯间、电梯楼梯等通道的开门归属关系；

（6）管道井的分布、尺寸；

（7）水平通道的分隔、开门、用途、归属关系；

（8）每层的外墙及内墙的厚度；

（9）地下层、设备层、避难层、架空层内各部分的用途、分割、归属、功能情况及尺寸。特别是地下层中的独立车库、消防、平战结合人防工程的面积；

（10）平台层上的布局，是否有水箱间、配电房、电梯机房、梯间房等。

任务3.2　房屋分户测量

3.2.1　房屋分户测量的程序

在房屋分层测量的同时，进行每一套分户测量。分户测量时按每层之中的户号（室号或者权号）逐一测量其使用面积尺寸。

3.2.2 房屋分户测量的注意事项

（1）户内结构墙体、户与户之间的分割墙体尺寸、户外墙体的厚度要测量清楚；

（2）无预测图纸的要画好计算草图，每一边尺寸要注明，异形多边形的户室要测量辅助计算面积的尺寸；

（3）将每套户的分段尺寸加墙厚的总尺寸与该层同一边长的尺寸相比较，在误差范围内，再平差，求统一平差尺寸，如不符，要分析检查是哪一尺寸出现错误；

（4）确定阳台的封与不封，是凸阳台、凹阳台还是凸凹复合型阳台；

（5）套户内是否有假层、夹层、技术层、阁楼、暗楼、气屋，是否有内走廊，注意户内飘窗的高度；

（6）是否有天篷、天井、室内楼梯，室内楼梯是否有中空部分，是否有分户内的管道井，户内大型结构柱的尺寸；

（7）几户分户门外是否有将消防通道分为安全门内的共有面积，是否有将楼梯前室分割为几户门内的共有面积；

（8）如果是团结户，要当场确定指界人的指界点的尺寸及协议人的协议，以及墙体的归属（借、共、自），确定他项权利；

（9）将分户草图配以户外草图组成该层的分层图；

（10）几层相同的户图按与分层图一样的原则，隔层、隔单元、隔2~3层要复测一次，不同布局楼层的分户丈量要户户见面。

实操作业

根据房屋分层分户测量的程序和注意事项，选择一幢房屋进行分层分户测量。

任务 4
整理外业成果资料

[教学目标]
了解整理外业成果资料时的注意事项。

1. 实测外业成果资料应包含的内容
房地产项目测绘外业工作基本完成后，要整理以下资料：
（1）房屋调查表；
（2）房屋用地调查表；
（3）分层、分户测量资料（草图）。

2. 整理成果资料的注意事项
（1）确认所用的仪器、工具完好后装箱、归包；
（2）检查测前准备的项目资料是否丢失；
（3）检查房屋调查表和房屋用地调查表是否有遗漏；
（4）检查分层、分户测量资料是否齐全；
（5）检查施测人员姓名、日期、天气、时间是否填写。

第3篇 内业篇

任务 1

准备工作

[教学目标]

了解房地产项目测绘内业准备工作的内容。

掌握确定公用部位、全算、半算、不算建筑面积部位的相关规定。

任务 1.1　收集检查资料

1.1.1　收集检查资料所包含的内容

内业工作人员在接到内业任务后,应收集、检查如下资料:
(1) 该任务的外业房屋调查表和房屋用地调查表;
(2) 外业分层、分户测量资料;
(3) 建施图、结施图、大样图、平面图、立面图、剖面图、变更设计书;
(4) 公安部门核定的门牌号码证明。

1.1.2　资料检查的程序及注意事项

(1) 检查各种资料是否齐全;
(2) 检查各种图纸之间的关系,分层图与分户图边长尺寸之间的关系,边长是否闭合;
(3) 在预测时,要注意墙厚的分析,预加墙抹灰层的厚度(光粉刷一般加 3cm、外墙有贴面加 5cm、无粉刷取中线尺寸);

(4) 要仔细检查外业测量原始数据，预测计算图纸中边长尺寸、角度转换、墙体厚度、各种结构、各个部位的名称等可以满足作图的条件。

任务 1.2　确定共有（公用）部位及分摊关系

1.2.1　确定共有（公用）部位的规定

房屋的共有（公用）建筑面积是指建筑物内由多个产权人共同占有或共同使用的建筑面积。

1. 公用建筑面积的分类

公用建筑面积分为应分摊公用建筑面积和不分摊公用建筑面积。

2. 公用建筑面积的范围

1) 应分摊的公用建筑面积包括：

(1) 相关权利人合法协议约定的应分摊的公共建筑空间；

(2) 建筑物内的公用核心筒、楼梯间、电梯间（井）、观光井（梯）、提物井、室外楼梯等垂直移动空间及各种管道井、垃圾井道；

(3) 建筑物内公用的公共门厅、大厅、梯厅、过道、走廊、檐廊、内外廊、门廊、入口大堂、疏散通道等平行移动空间；

(4) 套与公共建筑空间之间分隔墙墙体面积的一半、外墙（包括山墙）水平投影面积的一半；

(5) 地面以上为本幢服务的变（配）电室、消防控制室、水泵房、设备间、工具间、值班警卫室等；

(6) 凸出屋面有围护结构的水箱间、电梯机房、楼梯间、风机房、设备工具间等；

(7) 架空层内的大堂、值班警卫室、门厅、设备间、电梯间、楼梯间等；

(8) 地面以上层高在 2.20m 以上的消防避难层、结构转换层、设备层内的电梯间、楼梯间、设备间等。

2) 不分摊的公用建筑面积包括：

(1) 相关权利人合法协议约定的不分摊的公共建筑空间；

(2) 建筑物底层、顶层或裙楼顶层架空用于公共通行、停车、绿化、休闲使用的公共建筑空间；

(3) 建筑物屋面设置的人防报警（控制）室等；

(4) 建筑物内某些层中设置的用于消防避难的建筑空间；

(5) 建筑物内设置的结构转换层建筑空间；

(6) 建筑物内设置在地面以上的层高在 2.20m 以上的设备层建筑空间；

(7) 建筑物地下用于人防、公共停车、放置设备的建筑空间；

(8) 住宅区内的消防通道，为小区内多幢建筑服务的公共用房；

(9) 符合核增面积要求的特定用途的公共建筑空间；

（10）为它幢建筑所有权人生活利用上不可缺少的公共建筑空间。

1.2.2　确定共有（公用）部位的注意事项
（1）在确定实测房屋公用部位时要注明其名称；
（2）在确定公用部位的时候要注意区分是属于分摊的公用部位还是不分摊的公用部位；
（3）确定公用部位时要注意其使用功能及服务范围。

1.2.3　共有（公用）建筑面积分摊的一般原则
（1）公用建筑面积的分摊计算以幢为单位进行，非本幢的公用建筑面积不在本幢分摊，本幢的公用建筑面积也不分摊到其它幢去；
（2）产权各方有合法权属分割文件或协议的，按文件或协议规定执行；无产权分割文件或协议的，按相关房屋建筑面积的比例进行分摊计算；
（3）一幢建筑只有一个产权人时，如其不需分层或分户提供产权登记面积时，则该幢建筑可取各层外墙或结构外围水平投影面积之和计算该栋的建筑面积，不需进行公用建筑面积的划分与分摊计算；
（4）凡列为不分摊的公用建筑面积，一律不参与分摊其他的公用建筑面积；
（5）多功能综合楼，须按其使用功能和服务范围进行公用建筑面积的划分与分摊计算；
（6）公用建筑面积分摊计算后，各分户的建筑面积之和应等于相应的幢、功能区、层的建筑面积。

1.2.4　应分摊共有（公用）建筑面积的划分及优先级
1）应分摊公用建筑面积按其使用功能及服务范围可划分为：
（1）整幢公用建筑面积。指为整幢服务（包括不同功能区）的公用建筑空间的面积，该面积在整幢范围内进行分摊。
（2）功能区间公用建筑面积。指仅为一幢建筑的某几个功能区服务的公共建筑空间的面积，该面积在相关的功能区范围内进行分摊。
（3）功能区公用建筑面积。指专为一幢建筑的某一个功能区服务的公共建筑空间的面积，该面积在该功能区内进行分摊。
（4）层间公用建筑面积。指仅为某一功能区内的两层或两层以上楼层服务的公共建筑空间的面积，该面积在相关楼层范围内进行分摊。
（5）层内公用建筑面积。指专为本层服务的公共建筑空间的面积，该面积在本层内进行分摊。
（6）由于功能设计不同，仅由同一层内的多户使用的公共建筑空间的面积，应由相关多户进行分摊。

2）应分摊的公共建筑面积优先级按服务范围由大到小、由整体到局部的顺序依次递减，即整幢公共面积优先级最高，层内多户公共面积优先级最低。按照应分摊公用建筑面积的优先级高低，优先级低的公用建筑面积须参与分摊优先级高的公用建筑面积。

任务1.3 建筑面积的计算要求

1.3.1 根据部位计算建筑面积的规定

1. 计算全部建筑面积的范围

（1）永久性结构的单层房屋，其层高在2.20m以上（含2.20m，以下同）时，按一层计算建筑面积。多层房屋按各层建筑面积的总和计算建筑面积。

（2）房屋自然层内设有局部楼层（如夹层、插层等），局部楼层及其楼（电）梯间的层高在2.20m以上的部分均计算建筑面积。

（3）穿过房屋的通道，房屋内的门厅、大厅，均按一层计算建筑面积。门厅、大厅内的回廊部分，层高在2.20m以上的，按其水平投影计算建筑面积。

（4）房屋内的楼梯间、电梯（观光梯）井、管道井、提物井、垃圾道等，均按房屋的自然层计算建筑面积。

（5）房屋天面上，属永久性建筑，层高在2.20m以上的楼梯间、电梯机房、水箱间等，均按其外围水平投影计算建筑面积。

（6）挑楼、全封闭的阳台、房屋间封闭的架空通廊，均按其外围水平投影计算建筑面积。

（7）属永久性结构有上盖的室外楼梯，按其在各楼层的水平投影面积之和计算建筑面积。

（8）与房屋相连的有柱走廊，两房屋间有上盖和柱的走廊，属永久性建筑的有柱（非独立柱、单排柱）的车棚、货棚等，均按其柱的外围水平投影计算建筑面积。

（9）有柱或有围护结构的门廊、门斗，按其柱或围护结构外围水平投影计算建筑面积。

（10）以幕墙作为房屋外墙的，按其外围水平投影计算建筑面积。

（11）地下室、半地下室及其相应出入口，层高在2.20m以上的，按其外墙（不包括采光井、防潮层、保护墙）外围水平投影计算建筑面积。

（12）坡地建筑的吊脚架空层，设计利用的且层高在2.20m以上的部位，按其围护结构的外围水平投影计算建筑面积。

（13）与室内任一边相通，具备房屋的一般条件，并能正常利用的伸缩缝、沉降缝，按外围水平投影计算建筑面积。

（14）坡屋顶房屋，其室内净高在2.10m以上（含2.10m，以下同）的部分均计算建筑面积。

（15）立体书库、立体仓库、立体停车库，无结构层的按一层计算建筑面积，有结构层的按其层高在2.20m以上结构层建筑面积的总和计算建筑面积。

2. 计算一半建筑面积的范围

（1）与房屋相连有上盖无柱的走廊、檐廊，层高在 2.20m 以上的，按其围护结构或围护物外围水平投影面积的一半计算建筑面积。

（2）属永久性建筑的独立柱、单排柱的门廊、雨篷、车棚、货棚、站台、加油站、收费站等，层高在 2.20m 以上的，均按上盖水平投影面积的一半计算建筑面积。

（3）有顶盖不封闭的阳台、挑廊，按其围护结构或围护物外围水平投影面积的一半计算建筑面积。

（4）无顶盖的室外楼梯按其水平投影面积的一半计算建筑面积。

（5）有顶盖不封闭的永久性架空通廊，层高在 2.20m 以上的，按其围护结构或围护物外围水平投影面积的一半计算建筑面积。

（6）有永久性上盖，无围护结构的场馆看台，层高在 2.20m 以上的，按其上盖水平投影面积的一半计算建筑面积。

3. 不计算建筑面积的范围

（1）层高小于 2.20m 的夹层、插层、技术层、地下室、半地下室。

（2）凸出房屋墙面的构件、配件、装饰柱、装饰性幕墙、垛、勒脚、台阶、无柱雨篷等。

（3）房屋间无上盖的架空通廊。

（4）房屋的天面，天面上的花园、泳池。

（5）建筑物内的操作平台、上料平台及利用建筑物的空间安置箱、罐的平台。

（6）骑楼、过街楼的底层用作道路街巷通行的部分，临街楼房、挑廊下的底层用作公共道路街巷通行的部分，不论其是否有柱、是否有围护结构，均不计算建筑面积。

（7）利用引桥、高架路、高架桥、路面作为顶盖建造的房屋。

（8）活动房屋、临时房屋、简易房屋。

（9）与室内不相通的房屋间伸缩缝。

（10）独立烟囱、亭、塔、罐、池、地下人防干、支线。

（11）楼梯已计算建筑面积的，其下方空间无论是否利用，均不计算面积。

（12）与房屋室内不相通的类似于平台、挑廊、檐廊的建筑，均不计算面积。

1.3.2 计算建筑面积的注意事项

（1）建筑物的墙体由内倾斜、弧形等非垂直墙体构成，按其室内净高在 2.10m 以上部分的水平投影计算全部建筑面积。

（2）建筑墙体向外倾斜，超出底板外沿的，按底板外沿计算建筑面积。

（3）坡屋顶、穹形顶建筑，按其室内净高在 2.10m 以上部分的水平投影计算全部建筑面积。

（4）多排柱的车棚、货棚、站台等，若柱为斜柱，以柱距离地面 2.10m 处的连线水平投影范围内的部分计算全部建筑面积。

（5）除建筑变形缝、沉降缝以外的所有位于建筑内的封闭空间，当其层高在 2.20m 以上时，无论其是否使用，均计算全部建筑面积。

（6）在建筑物中的层高 2.20m 以上的楼层内设置夹层的，当夹层及下方建筑空间的高度均小于 2.20m 时，夹层不计算建筑面积，下方空间仍计算全部建筑面积。

（7）点式建筑在折转处因结构需要所设置的位于建筑外墙外侧的与室内不相通的结构连接板，当其宽度（进深）不大于 2.00m 时，该部分不计算建筑面积；当其宽度大于 2.00m 时，该部分视为架空，按其上盖水平投影计算全部建筑面积。

（8）有永久性上盖，有围护结构的场馆看台，层高在 2.20m 以上的，按围护结构外围水平投影计算全部建筑面积。

（9）现有规范中没有明确的，而其他类似规范中有明确的如何计算建筑面积的部位，经请示后再决定。

实操作业

（1）收集、检查外业篇实操作业相关资料。

（2）根据所收集的资料确定公用部位及其分摊的关系。

（3）根据所收集的资料确定全算、半算、不算建筑面积的部位。

任务 2
房产图绘制

[教学目标]

了解房地产项目测绘常用制图软件。

掌握专业房产测绘软件房测之友 BMF2007 的使用方法。

2.1 房地产项目测绘制图软件介绍

随着计算机的普及和用户计算机水平的不断提高，房产面积测算和房产图绘制已经告别手工时代，取而代之的是工作效率更高、成果更规范的房产测绘软件。目前全国各地所用的房产测绘软件品种不一，常见的有以下几款：

（1）广东南方数码科技有限公司开发的房测之友 BMF2007；

（2）广州市欧克地理信息技术有限公司开发的 GZRS 房产测绘业务管理系统；

（3）广州开思测绘软件有限公司开发的房产测绘与管理系统（房产三友）SCS H2005；

（4）长沙华信软件有限公司开发的 EPCAD2006 房产测绘设计计算系统；

（5）杭州数维信息系统工程有限公司开发的 WalkFloor 数字房产系统。

在所有的房产测绘软件中，大部分都是以具有强大图形编辑处理功能的 AutoCAD 作为底层平台，结合数据库进行数据管理的专业房产测绘软件。下面以南方数码科技有限公司开发的房测之友 BMF2007 为例，介绍房产测绘软件的使用方法。

2.2 房测之友 BMF2007 的使用

下面我们以基础知识篇中所述工程实例为例，介绍如何用房测之友 BMF2007

进行该幢房屋的面积测算。

1. 房屋的基本情况

根据房产调查结果，龙源大厦共3层，1层和2层是商铺，3层是住宅，有2个单元，外墙厚0.30m，门卫的面积及外墙全楼公用，1层和2层的通道只分给商铺，梯3只给商铺用，梯1、梯2供给3层的住宅用，3层住宅的阳台均为不封闭阳台。尺寸如图2-1所示。

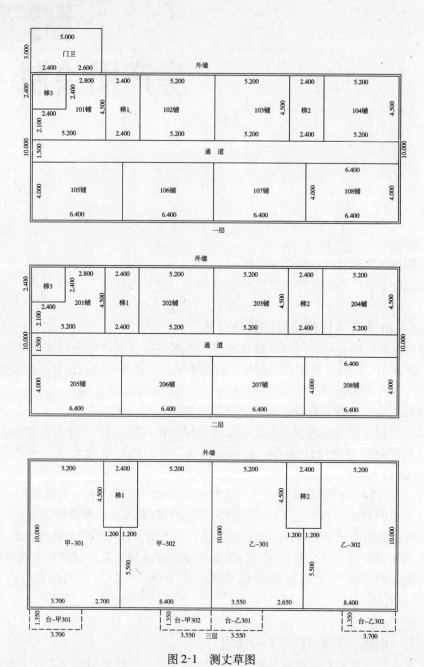

图2-1 测丈草图

2. 用 BMF2007 进行分摊计算

1）建立测绘信息

首先输入登录名称和登录密码进行系统登录，如图 2-2 所示。

图 2-2　系统登录

然后点击工程菜单下的测绘信息，在弹出的测绘信息窗口，新建项目信息，输入该测绘工程相关资料后保存（项目编号由系统自动生成，不能手工输入），如图 2-3 所示。

图 2-3　新建项目信息

点击幢信息标签后新建幢，输入该幢房屋的相关资料后保存幢（幢编号由系统自动生成），如图2-4所示。保存后的结果如图2-5所示。

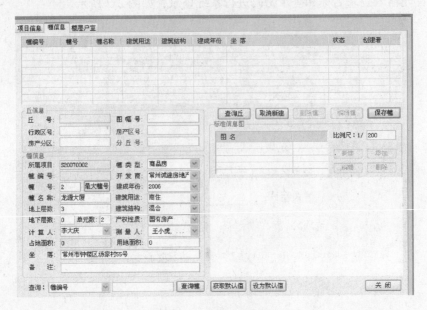

图2-4　新建幢信息

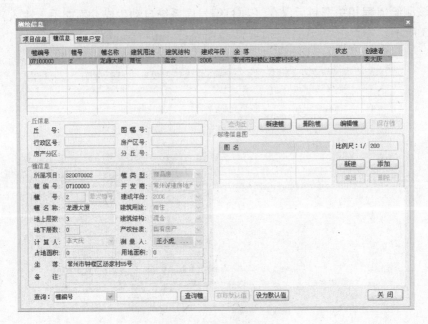

图2-5　保存幢信息

点击楼层户室标签，在单元信息内容中编辑单元，将单元名1和2分别修改为甲和乙。修改后的结果如图2-6所示。

2）绘制、添加图形

在幢信息窗口中，选中刚才保存的幢编号，则标准信息图中新建、添加按钮起作用，如图 2-5 所示。点击添加按钮，在存放测丈草图的文件夹下打开龙源大厦测丈草图，如图 2-7 所示。添加房屋图形后的界面如图 2-8 所示。

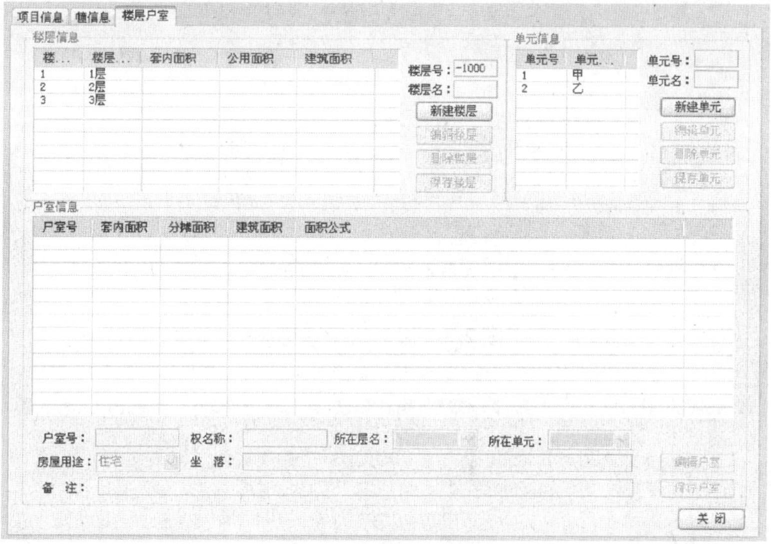

图 2-6　修改单元名称

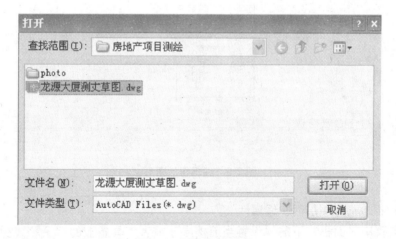

图 2-7　添加房屋图形 1

3）提取面积线属性

如图 2-8 所示窗口，点击标准信息图栏目中的编辑按钮，进入房屋图形编辑状态，如图 2-9 所示。

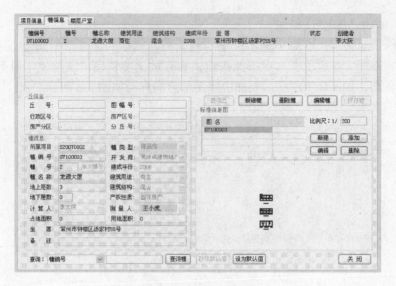

图 2-8　添加房屋图形 2

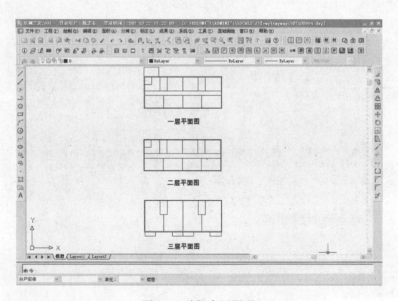

图 2-9　编辑房屋图形

（1）提取房屋 1 层面积线属性。

点击菜单"面积"下的"设置当前楼层"或者工具条上的"　"，弹出如图 2-10 所示窗口。

勾选楼层号 1 前面的复选框，点击设置按钮，将当前楼层设置为 1 层。点击工具条中的　（提取商铺）按钮，在 101 铺实体内按下鼠标左键后按回车键，生成商铺 101 室的面积线。如图 2-11 所示。

继续分别在商铺 102～108 实体内依次点击鼠标左键后按回车键结束命令，系统自动生成 1 层其他所有商铺相应的面积线。结果如图 2-12 所示。

图 2-10　设置当前楼层

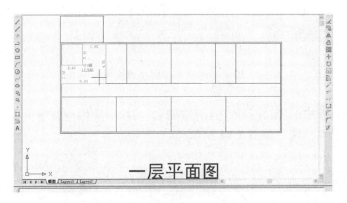

图 2-11　提取商铺 101 室面积线

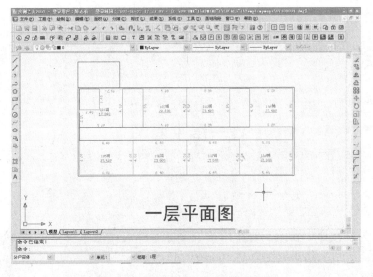

图 2-12　提取 1 层其他商铺面积线

点击工具条中的 ▣（提取过道）按钮，在1层过道实体内按下鼠标左键后按回车结束命令，生成过道面积线。如图2-13所示。

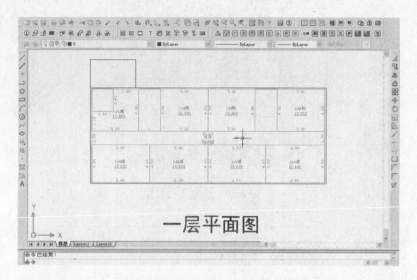

图2-13　提取1层过道面积线

点击工具条中的 ▣（提取内梯）按钮，在梯1实体内按下鼠标左键后按回车键，生成梯1面积线。如图2-14所示。

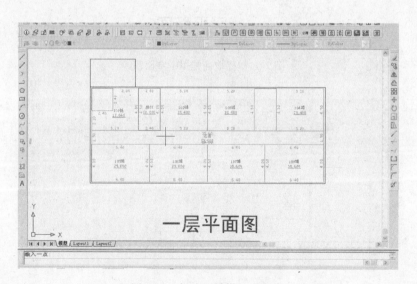

图2-14　提取1层梯1面积线

继续分别在梯2和梯3实体内按下鼠标左键后按回车键结束命令，生成梯2和梯3的面积线。结果如图2-15所示。

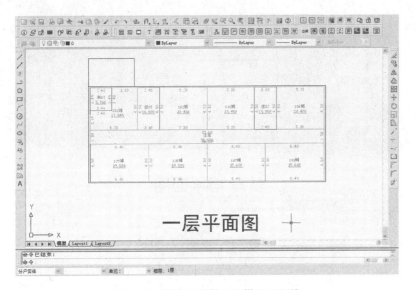

图 2-15 提取 1 层梯 2 和梯 3 面积线

　　点击工具条中的 ▣（提取墙外公用）按钮，在 1 层门卫实体内按下鼠标左键，在命令行输入实体名称（门卫）后按回车键结束命令，生成门卫面积线。如图 2-16 所示。

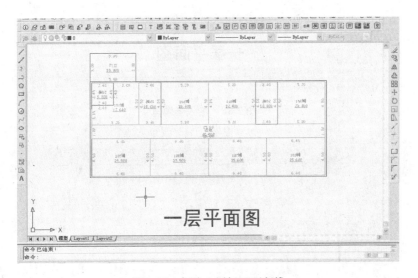

图 2-16 提取 1 层门卫面积线

　　点击菜单"面积"下的"生成墙体"或者工具条中的 ▣（生成墙体），命令行会提示选择对象，然后用鼠标框选所有实体后按鼠标右键结束命令。如图 2-17 和 2-18 所示。
　　按照图 2-18 所示命令行提示，输入半外墙宽度 0.15 后按回车键，系统提示生成墙体完毕。结果如图 2-19 所示。

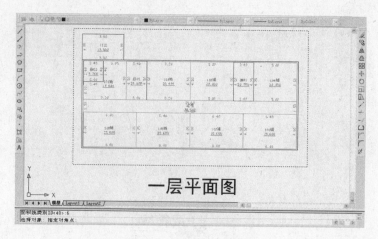

图 2-17 生成 1 层墙体

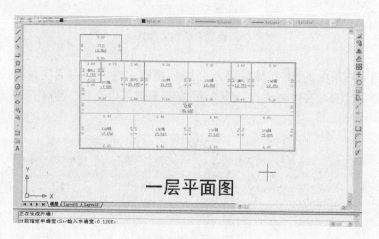

图 2-18 输入半墙宽

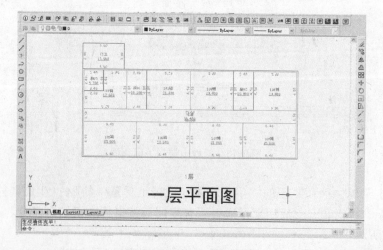

图 2-19 生成 1 层墙体完毕

(2) 提取房屋 2 层面积线属性。

参照 1 层面积线属性提取方法，首先设置当前楼层为 2 层。如图 2-20 所示。

图 2-20　设置当前楼层为 2 层

然后点击工具条中的 ▣（提取商铺）按钮，提取 2 层商铺面积线。如图 2-21 所示。

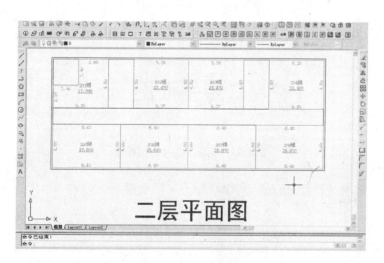

图 2-21　提取 2 层商铺面积线

点击工具条中的 ▣（提取过道）按钮，提取 2 层过道面积线。如图 2-22 所示。

点击工具条中的 ▣（提取内梯）按钮，提取 2 层楼梯面积线。如图 2-23 所示。

最后点击菜单"面积"下的"生成墙体"或者工具条中的快捷按钮 ▭（生成墙体），生成 2 层墙体。如图 2-24 所示。

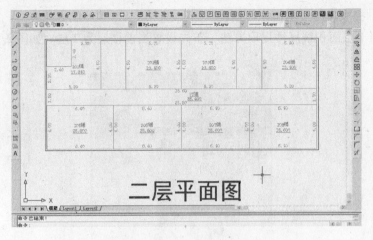

图2-22 提取2层过道面积线

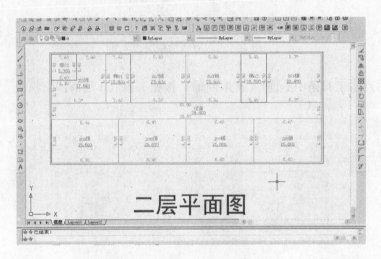

图2-23 提取2层楼梯面积线

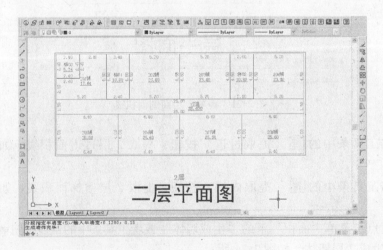

图2-24 生成2层墙体

(3) 提取房屋3层面积线属性。

首先设置当前楼层为3层。如图2-25所示。

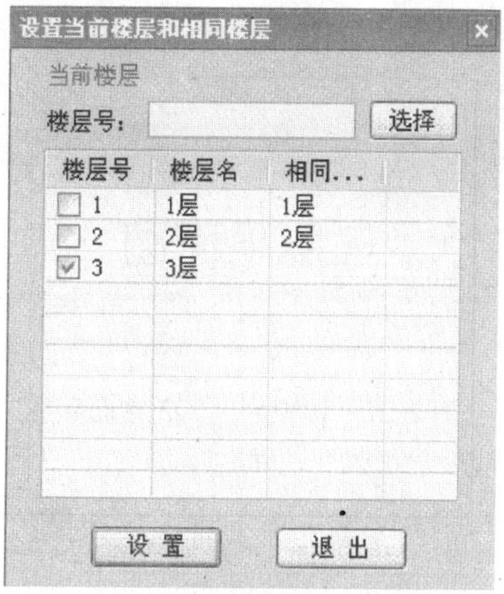

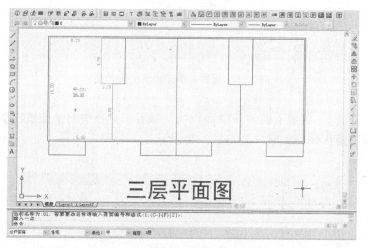

图2-25 设置当前楼层为3层

然后点击户（提取户室）按钮，在软件左下角 分户实体 住宅 单元：甲 楼层：3层 处选择好分户实体、住宅、甲单元后，在甲－301实体内按下鼠标左键后按回车键，提取甲单元301室面积线。如图2-26所示。

图2-26 提取甲－301室面积线

继续在甲－302室实体内点击鼠标左键，提取甲单元302室面积线。如图2-27所示。

在软件左下角 分户实体 住宅 单元：乙 楼层：3层 处选择乙单元，再在乙－301室和乙－302室实体内依次按下鼠标左键后按回车键结束命令，提取乙单元301室和302室的面积线。如图2-28所示。

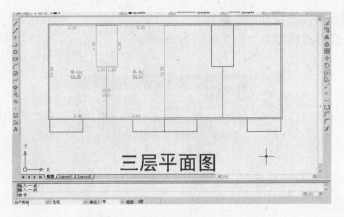

图2-27 提取甲-302室面积线

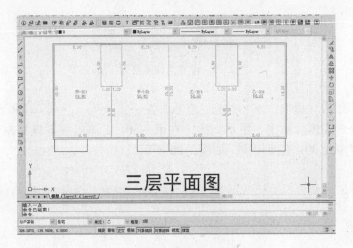

图2-28 提取乙单元户室的面积线

点击"面积"菜单下的"编辑面积线"或者工具条中的快捷按钮 (编辑面积线),弹出面积线信息窗口,如图2-29所示。

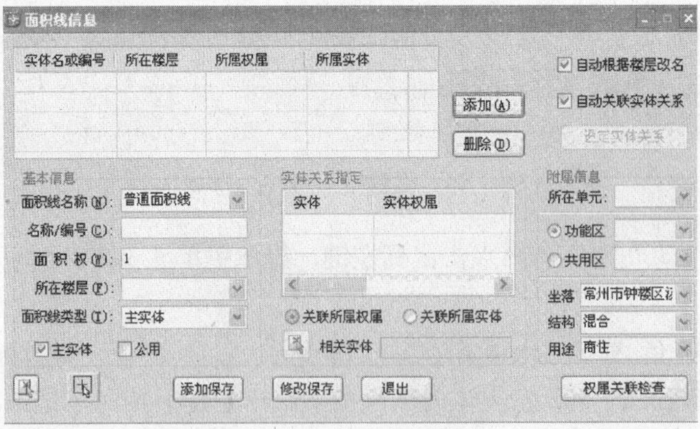

图2-29 编辑面积线窗口

点击图 2-29 窗口中的 ![按钮] 按钮，选择乙 –301 室面积线内部点后弹出如图 2-30 所示窗口。

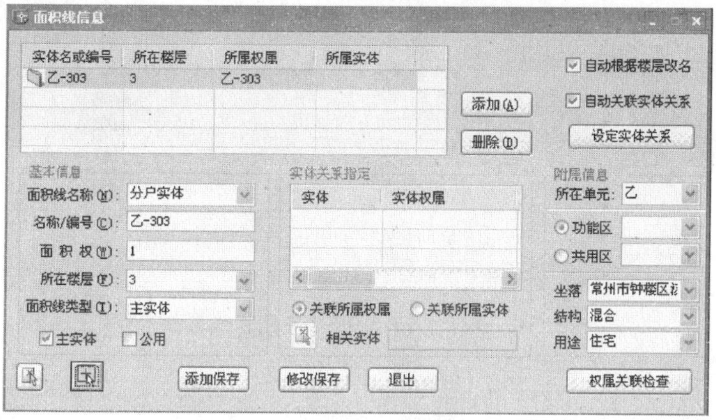

图 2-30　乙 –301 室面积线信息

在名称/编号栏内，将"乙 –303"修改为"乙 –301"后点击"修改保存"。如图 2-31 所示。

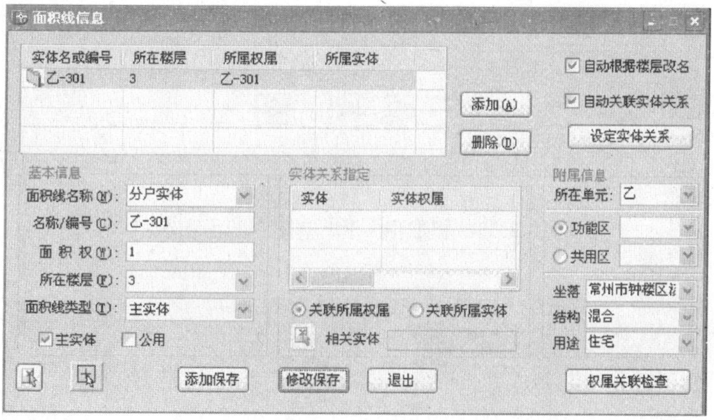

图 2-31　修改乙 –301 室面积线名称

继续点击 ![按钮] 按钮，修改乙 –302 室面积线名称，点击修改保存按钮后点击退出按钮。如图 2-32 所示。

点击工具条中的快捷按钮 ![图标]（提取未封闭阳台），在甲 –301 室所属阳台内部点击鼠标左键后，再在命令行中输入关联的户室序号 1 –01，生成甲 –301 室阳台的面积线。如图 2-33 所示。

继续在甲 –302 室所属阳台的内部点击鼠标左键后，在命令行中输入关联的户室序号 1 –02，生成甲 –302 室阳台的面积线。如图 2-34 所示。

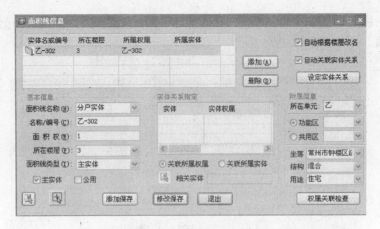

图 2-32　修改乙-302 室面积线名称

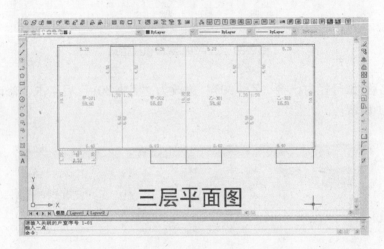

图 2-33　提取甲-301 室阳台的面积线

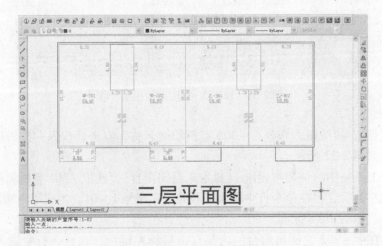

图 2-34　提取甲-302 室阳台的面积线

继续分别在乙单元301室和302室所属阳台内部点击鼠标左键后分别输入关联的户室序号2-03和2-04，生成乙单元两户室的阳台面积线后按回车键结束命令。如图2-35所示。

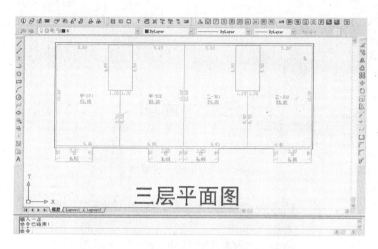

图2-35　提取乙单元两户室阳台的面积线

点击工具条中的快捷按钮▣（提取内梯）按钮，提取3层楼梯面积线。如图2-36所示。

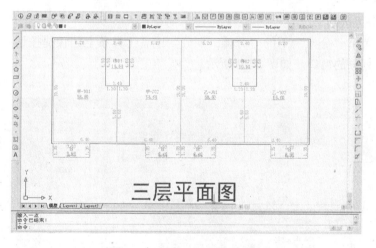

图2-36　提取3层楼梯面积线

点击菜单"面积"下的"生成墙体"或者工具条中的快捷按钮▭（生成墙体），生成3层墙体。如图2-37所示。

最后，点击菜单"文件"下的"保存"或工具条中的快捷按钮▣，系统提示如图2-38所示，点击按钮"是"保存文件。

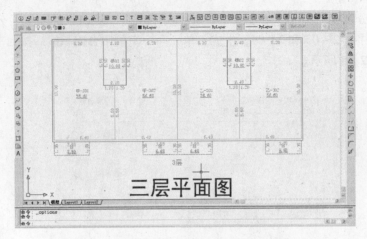

图 2-37　生成 3 层墙体

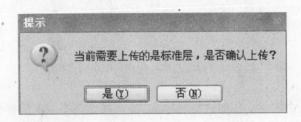

图 2-38　保存文件提示

4）分摊区划分

点击菜单"分摊"下的"分摊区划分"或者工具条上的快捷按钮，则会弹出分摊区划分的窗口。如图 2-39 所示。

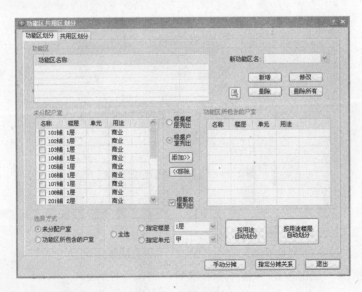

图 2-39　分摊区划分

(1) 功能区划分。

在图 2-39 窗口中,点击"按用途自动划分"按钮,系统自动新增功能区并指定各功能区所包含的户室。如图 2-40 和图 2-41 所示。

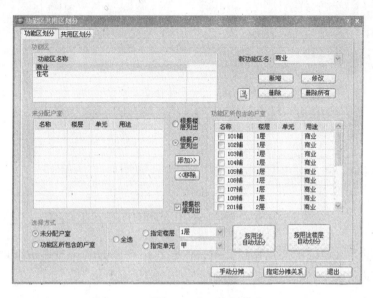

图 2-40　功能区(商业)划分窗口

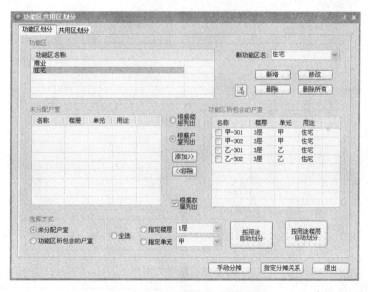

图 2-41　功能区(住宅)划分窗口

(2) 共用区划分。

在图 2-41 窗口中,点击共用区划分页签,则会出现共用区划分的窗口。如图 2-42 所示。

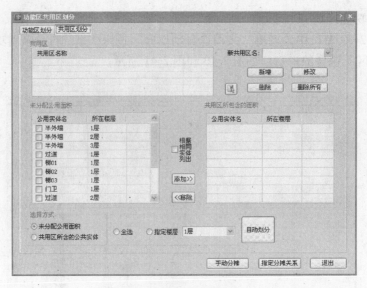

图 2-42　共用区划分窗口

在新共用区中依次选择整幢共用、住宅共用和商铺共用后点击新增按钮,将其加入到共用区中。如图 2-43 所示。

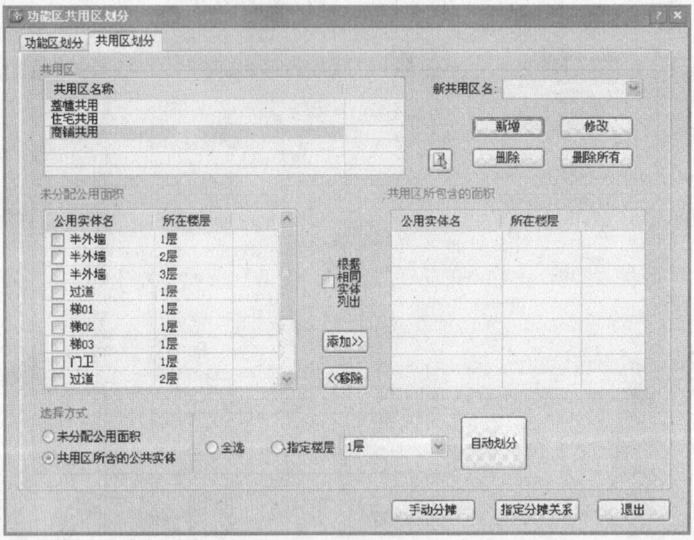

图 2-43　新增共用区

选中共用区名称中的整幢共用后,勾选未分配公用面积中的半外墙及门卫前面的复选框。如图 2-44 所示。

点击上图窗口中的添加按钮,结果如图 2-45 所示。

继续指定住宅共用和商铺共用所包含的面积。如图 2-46～图 2-49 所示。

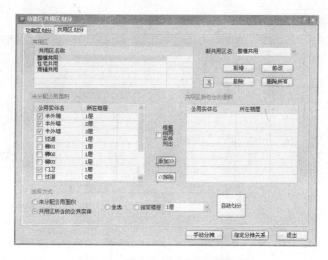

图 2-44　指定整幢共用的公用面积

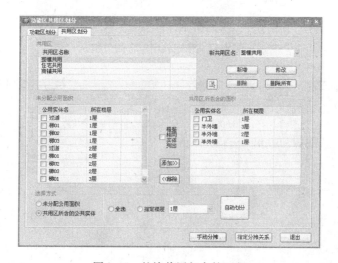

图 2-45　整幢共用包含的面积

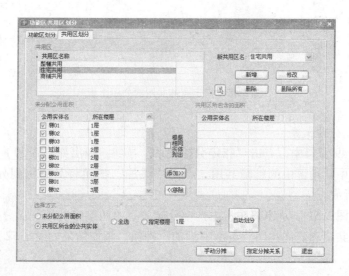

图 2-46　指定住宅共用的公用面积

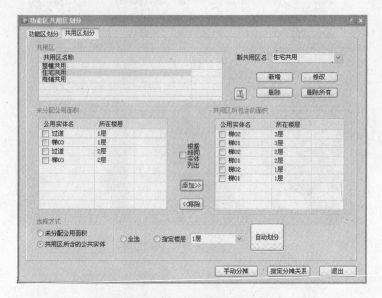

图 2-47　住宅共用包含的面积

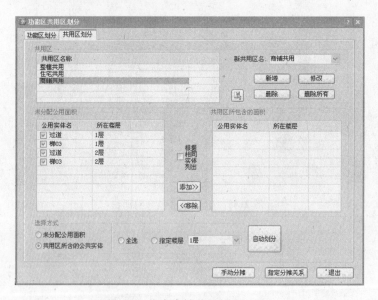

图 2-48　指定商铺共用的公用面积

5）指定分摊关系

在图 2-49 窗口中，点击"指定分摊关系"按钮，弹出如图 2-50 所示窗口。

首先选中共用区中的整幢共用，点击"添加"按钮将其添加到分摊关系中。如图 2-51 所示。

然后在图 2-51 所示窗口中，先选中分摊关系中的整幢共用，再分别选中共用区中的住宅共用和商铺共用后点击"添加"按钮。添加结果如图 2-52 所示。

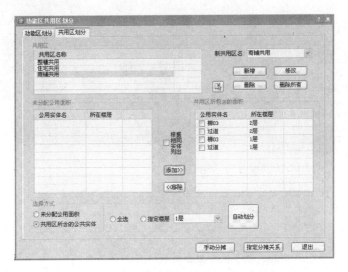

图 2-49　商铺共用包含的面积

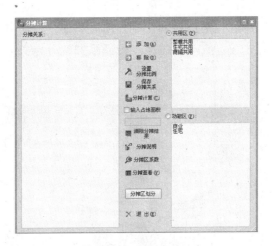

图 2-50　分摊计算窗口

图 2-51　添加最高级共用区

图 2-52　添加次一级共用区

最后,将功能区中的住宅添加到住宅共用区下面,将功能区中的商业添加到商铺共用区下面,点击 ![保存分摊关系] 按钮保存已经添加的分摊关系。添加好的关系树如图 2-53 所示。

图 2-53　添加功能区

6）分摊计算

在图 2-53 所示窗口中,点击 ![分摊计算] 按钮,系统自动会将面积分摊结束,在命令行提示"＿＿＿＿分摊计算完毕＿＿＿＿"。

7）分摊结果查看

分摊计算完毕后,点击 ![分摊说明] 按钮,可以查看详细分摊说明。如图 2-54 所示。

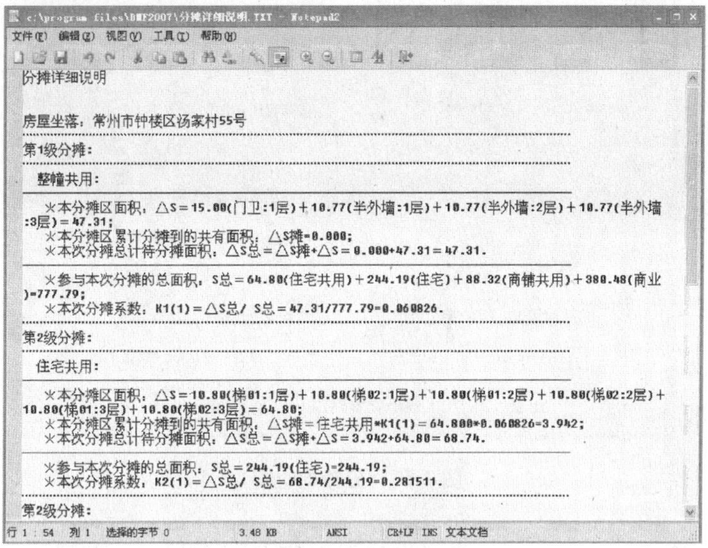

图 2-54　分摊详细说明

在图 2-53 所示窗口中点击 ▦ 分摊查看 按钮，或者点击菜单"分摊"下的"分摊查看"，可以查看详细的分摊结果。分摊结果如图 2-55 所示。

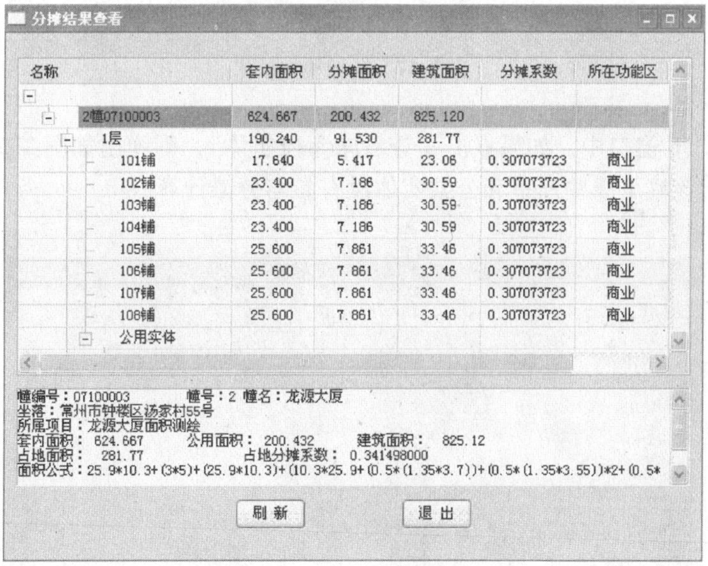

图 2-55　分摊结果查看

8）分摊结果检查

点击菜单"分摊"下的"分摊检查"，系统会弹出如图 2-56 所示的对话框。

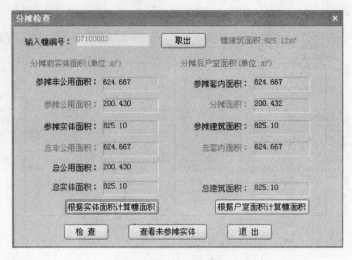

图 2-56　分摊检查窗口

点击"检查"按钮，系统会弹出如图 2-57 所示的提示，即用文字表述分摊检查的结果。

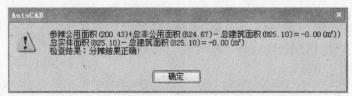

图 2-57　分摊检查结果

在图 2-56 窗口中，如果点击"查看未参摊实体"，则弹出如图 2-58 所示的对话框，列出该幢下哪些户室和公共实体没有参与分摊计算。

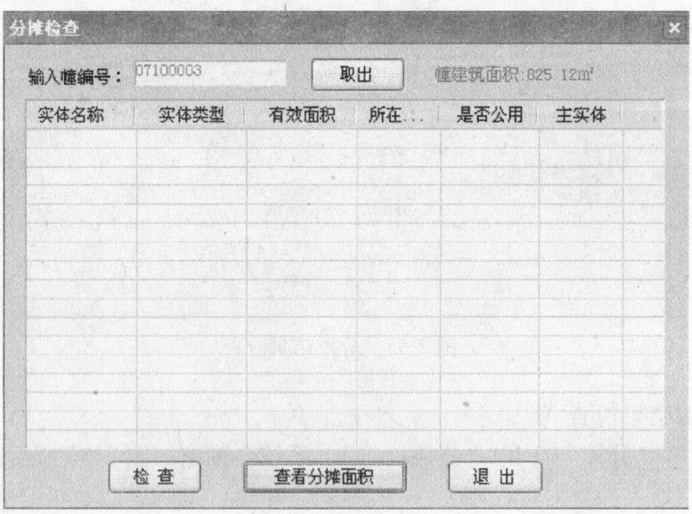

图 2-58　查看未参摊实体

9）面积检核

点击菜单“分摊”下的“面积检核”，系统弹出如图 2-59 所示的窗口。在该窗口中可以进行套内和公用、幢和楼层、功能区和共用区的面积检核。

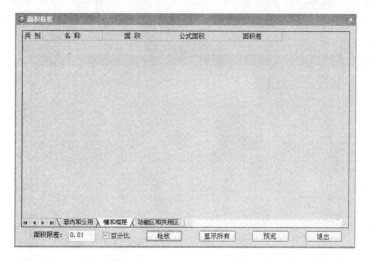

图 2-59　面积检核窗口

点击“检核”按钮，这样系统会自动将 CAD 实体的计算面积与计算公式计算出的面积进行比较，在命令行会有下面相关提示：

恭喜您！面积检核通过！

点击图 2-59 窗口中“显示所有”按钮，面积检核窗口会详细列出每个实体面积情况。如图 2-60 所示。

类 别	名 称	面 积	公式面积	面积差
套内	101辅	17.640	17.640	0.000
套内	102辅	23.400	23.400	0.000
套内	103辅	23.400	23.400	0.000
套内	104辅	23.400	23.400	0.000
套内	105辅	25.600	25.600	0.000
套内	106辅	25.600	25.600	0.000
套内	107辅	25.600	25.600	0.000
套内	108辅	25.600	25.600	0.000
套内	201辅	17.640	17.640	0.000
套内	202辅	23.400	23.400	0.000
套内	203辅	23.400	23.400	0.000
套内	204辅	23.400	23.400	0.000
套内	205辅	25.600	25.600	0.000
套内	206辅	25.600	25.600	0.000
套内	207辅	25.600	25.600	0.000
套内	208辅	25.600	25.600	0.000
套内	甲-301	61.098	61.098	0.001
套内	甲-302	60.996	60.996	0.000
套内	乙-301	60.996	60.996	0.000

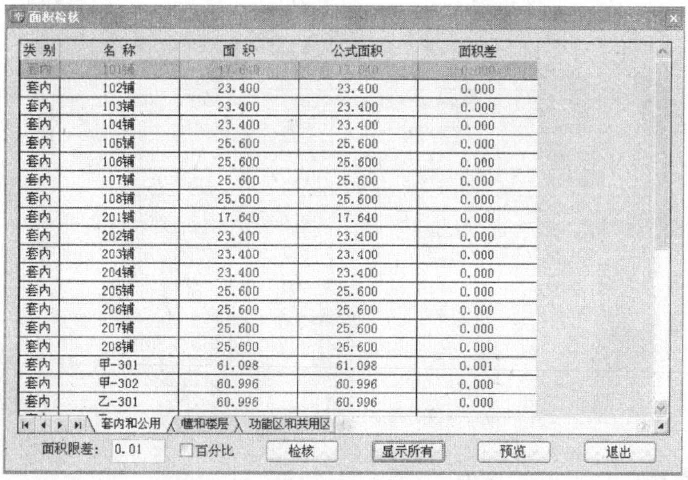

图 2-60　各实体面积检核结果

10) 成果输出

房产的成果主要分为两类，即成果报表和成果图。

（1）报表输出。

点击菜单"成果"下的"生成自定义报表"，则会弹出"打印报表"的窗口。如图2-61所示。

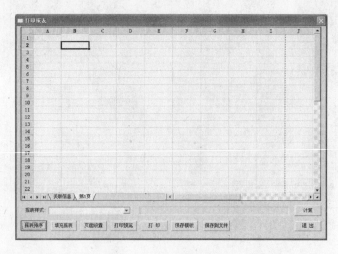

图2-61 打印报表窗口

指定报表样式为幢模板，然后点击填充报表按钮，生成以下几种报表：

①测量报告。如图2-62所示。

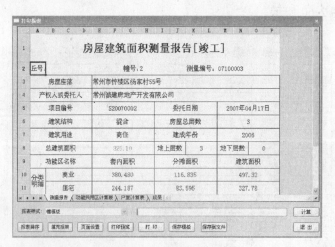

图2-62 测量报告

②功能共用区计算表。如图2-63所示。

③户室计算表。如图2-64所示。

④成果表。如图2-65所示。

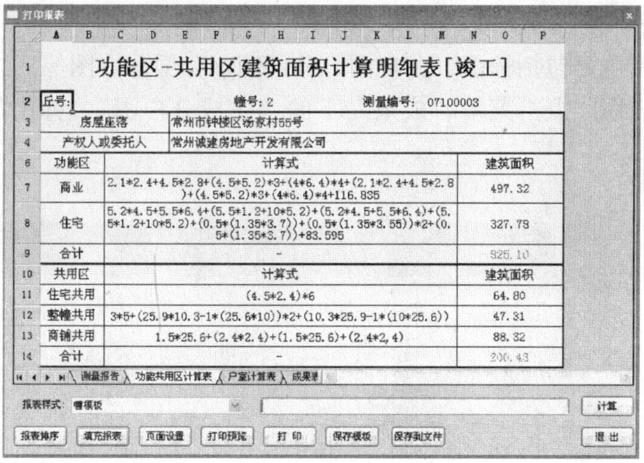

功能区-共用区建筑面积计算明细表[竣工]

丘号:　　幢号: 2　　测量编号: 07100003

房屋座落	常州市钟楼区汤家村55号
产权人或委托人	常州诚建房地产开发有限公司

功能区	计算式	建筑面积
商业	2.1*2.4+4.5*2.8+(4.5*5.2)*3+(4*6.4)*4+(2.1*2.4+4.5*2.8)+(4.5*5.2)*3+(4*6.4)*4+116.835	497.32
住宅	5.2*4.5+5.5*6.4+(5.5*1.2+10*5.2)+(5.2*4.5+5.5*6.4)+(5.5*1.2+10*5.2)+(0.5*(1.35*3.7))+(0.5*(1.35*3.55))*2+(0.5*(1.35*3.7))+83.595	327.78
合计	-	825.10
共用区	计算式	建筑面积
住宅共用	(4.5*2.4)*6	64.80
整幢共用	3*5+(25.9*10.3-1*(25.6*10))*2+(10.3*25.9-1*(10*25.6))	47.31
商铺共用	1.5*25.6+(2.4*2.4)+(1.5*25.6)+(2.4*2,4)	88.32
合计	-	200.43

图 2-63　功能共用区计算表

房屋建筑面积计算明细表[竣工]

丘号:　　幢号: 2　　测量编号: 07100003

房屋座落	常州市钟楼区汤家村55号
产权人或委托人	常州诚建房地产开发有限公司

室号	计算式	套内面积	分摊面积	建筑面积
101铺	2.1*2.4+4.5*2.8	17.640	5.417	23.06
102铺	4.5*5.2	23.400	7.186	30.59
103铺	4.5*5.2	23.400	7.186	30.59
104铺	4.5*5.2	23.400	7.186	30.59
105铺	4*6.4	25.600	7.861	33.46
106铺	4*6.4	25.600	7.861	33.46
107铺	4*6.4	25.600	7.861	33.46
108铺	4*6.4	25.600	7.861	33.46
201铺	2.1*2.4+4.5*2.8	17.640	5.417	23.06
202铺	4.5*5.2	23.400	7.186	30.59

图 2-64　户室计算表

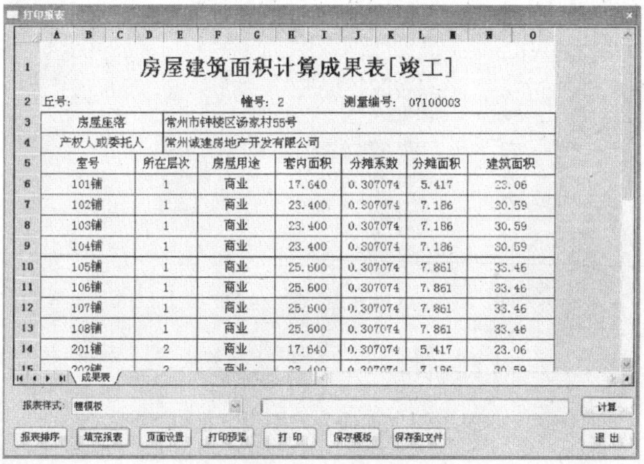

房屋建筑面积计算成果表[竣工]

丘号:　　幢号: 2　　测量编号: 07100003

房屋座落	常州市钟楼区汤家村55号
产权人或委托人	常州诚建房地产开发有限公司

室号	所在层次	房屋用途	套内面积	分摊系数	分摊面积	建筑面积
101铺	1	商业	17.640	0.307074	5.417	23.06
102铺	1	商业	23.400	0.307074	7.186	30.59
103铺	1	商业	23.400	0.307074	7.186	30.59
104铺	1	商业	23.400	0.307074	7.186	30.59
105铺	1	商业	25.600	0.307074	7.861	33.46
106铺	1	商业	25.600	0.307074	7.861	33.46
107铺	1	商业	25.600	0.307074	7.861	33.46
108铺	1	商业	25.600	0.307074	7.861	33.46
201铺	2	商业	17.640	0.307074	5.417	23.06
202铺	2	商业	23.400	0.307074	7.186	30.59

图 2-65　成果表

(2) 图形输出。

房产成果图主要包括幢图、分户图、分层图、分层分户图等。

①生成分户图。点击菜单"成果"下的"生成分户图",弹出如图 2-66 所示的窗口。

图 2-66 生成分户图

在图 2-75 所示窗口中选择好要生成分户图的户室,然后输入成果图的比例尺,选择好出图模板,点击成图(M)按钮,生成房产分户图。如图 2-67 所示。生成的分户图如图 2-68 所示。

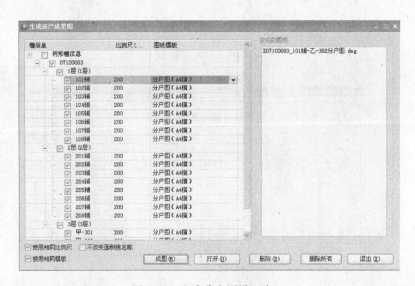

图 2-67 生成分户图设置窗口

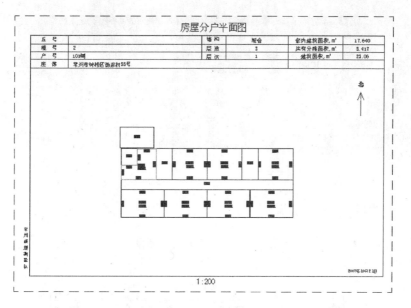

图 2-68　101 商铺分户图

②生成分层图和分层分户图。点击菜单"成果"下的"生成分层图",弹出如图 2-69 所示的窗口。

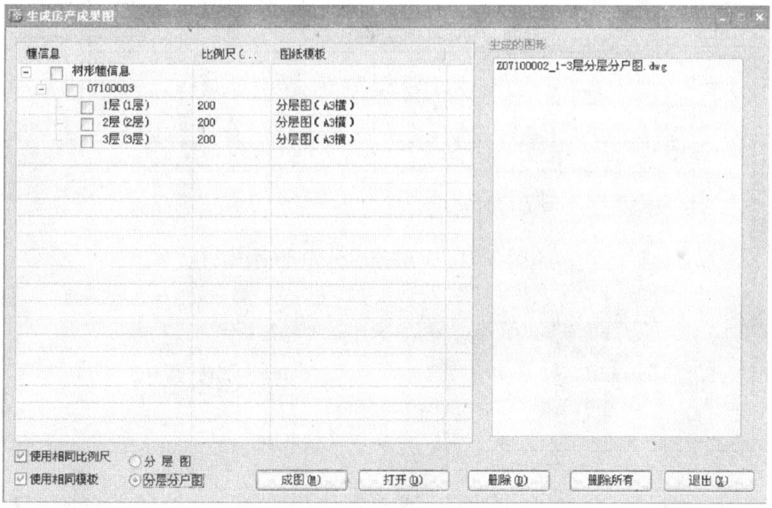

图 2-69　生成分层图

在上面窗口中,选择好要生成成果图的楼层,然后将成图类别选择"分层图"或者是"分层分户图",输入成图比例尺,选择好出图模板,最后点击"成图"则可以生成分层图或者分层分户图,如图 2-70～图 2-73 所示。

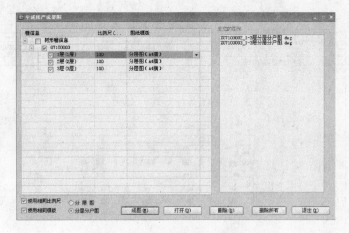

图 2-70 生成分层分户图设置

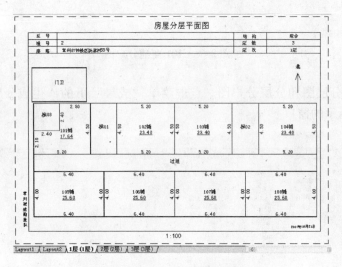

图 2-71 1层分层分户平面图

图 2-72 生成分层图设置

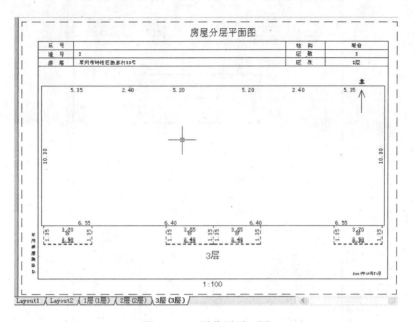

图 2-73　3 层分层平面图

③生成幢图。点击菜单"成果"下的"生成幢图",系统弹出如图 2-74 所示的对话框。

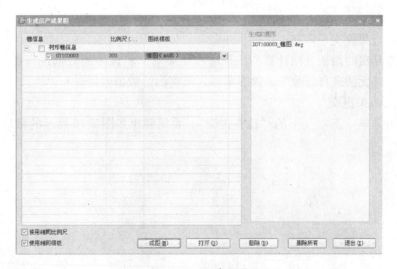

图 2-74　生成幢图

在此窗口中,软件自动将幢选中,只要修改成果图比例尺,选择出图模板,点击"成图"即可。生成的幢图如图 2-75 所示。

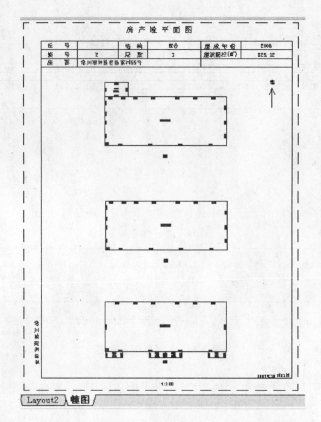

图 2-75 幢图

11）成果提交、审核

当商品房的面积分摊计算和成果输出结束后，将该幢的数据进行提交。提交后对数据就无法进行修改了，除非审核人员将测绘数据驳回。

（1）成果提交。

点击菜单"工程"下的"检查提交"，系统弹出如图 2-76 所示的窗口。

图 2-76 检查

点击 提交 后，系统会弹出如图2-77所示的提示窗口。

图2-77 提交

如果确定，点击"是"即可。这时该幢的检查状态立刻由以前的"未提交"变成了"已检查"。如图2-78所示：

图2-78 已检查

（2）幢审核。

陈志有工程师登录系统，打开该幢房屋信息后，在经过检查确认无误后，点击菜单"工程"下的"幢审核"，则弹出如图2-79所示的窗口。

图2-79 审核

点击"审核通过"按钮,系统弹出如图 2-80 所示窗口。

图 2-80　审核确认

点击"是"按钮,这时该幢的检查状态立刻由以前的"已检查"变成了"已归档",整个工程结束。相反,如果认为成果有误,不进行审核,也可以点击 退 回 将测绘成果退回到检查提交环节。

实操作业

根据工程实例所提供的房屋基本信息和测丈草图,用房产测算软件进行房屋面积测算并生成成果报表和成果图。

附 录

附录 A

房产测绘合同

合同编号：

委托单位（以下简称甲方）：

测绘单位（以下简称乙方）：

依据《中华人民共和国合同法》的规定，合同双方就　　项目房产测绘，经双方协商一致，签订本合同。

一、测绘范围与测绘内容：

二、测绘项目的执行技术标准：

1. 中华人民共和国国家标准《房产测量规范》GB/T 17986.1—2000、GB/T 17986.2—2000；

2. 建设部"关于房屋建筑面积计算与房屋权属登记有关问题的通知"（建住房［2002］74号）；

3. 《建筑工程建筑面积计算规范》GB/T 50353—2005；

4. 其他。

三、测绘项目完成工期：

签订本合同后，乙方应在　　天内将全部房屋预测测绘成果交付甲方。乙方在进场后　　天内完成实测测绘成果交付甲方。

四、双方应尽的义务：

1. 甲方应在签订本合同时向乙方提供以下资料（复印件）：

A. 申请产权初始登记的房屋：

规划许可证（含规划红线图）；

土地使用权证或土地使用说明；

竣工建筑平面图（蓝晒图、电子图）；

人防红线图（含地下室高层房屋）；

地名证；

规划验收合格证；

公用部位设计说明，如有需要，需提供各种部位的归属协议，预测提供建筑平面图（全套）。

B. 自然状况发生变化的房屋：

房屋所有权证或房产测绘成果；

证明房屋自然状况发生变化的材料（析产、合并公证书、协议书等）。

C. 房屋权利人或其他利害关系人要求测绘的房屋验收，并出具测绘成果验收意见。

D. 乙方作业过程中，甲方需紧密配合。

E. 预测结束后由于甲方更改设计等原因引起的重测，费用甲方另付。

2. 测绘时，甲方应密切配合，并做好指界工作，对乙方完成的测绘成果进行验收，并出具测绘成果验收意见。

3. 乙方应严格遵守国家有关法律、法规，执行国家房产测量规范和有关技术标准、规定，对其完成的房产测绘成果负责。

4. 乙方完成的测绘成果，应及时向市房产交易产权登记管理中心登记备案。

5. 乙方对甲方所交付的房产卷宗应妥善保管，卷宗内所有资料严禁涂改，防止遗失，乙方在作业中违章作业而造成的一切后果由乙方承担。

五、测绘项目工程费：

甲方根据国家制定的测绘产品价格标准（标准如有变动，以上级主管部门下达文件为准），按测绘成果的实际工作量结算支付测算费用。本次测算预估工作量约　　m^2，收费标准为　　元/m^2，预估总费用为人民币　　元。自本合同签订之日起　　日内，甲方先预付给乙方人民币　　元作定金，待乙方完成测绘成果后，甲方应在　　日内完成验收，验收后即办理结算，甲方将余款付清，乙方将测绘成果交付给甲方。

六、测绘工程价款全部结清之日起，乙方向甲方交付测绘成果：

序号	成果名称	规格	数量	时间

七、甲方违约责任：

1. 合同签订后，乙方未进入现场工作前由于工程停止而终止合同时，甲方无权请求返还定金；乙方已进入现场工作，完成工作量的50%以内时，甲方应支付测绘工程总价款的50%；完成工作量超过50%时，甲方应支付测绘工程总价款的100%。

2. 甲方未给乙方提供必要的配合，造成测绘工程停工、窝工的，测绘工期顺延，并支付窝工费。

八、乙方违约责任：

1. 合同签订后，如乙方擅自中途停止或解除合同，乙方应向甲方双倍返还定金。

2. 乙方未能按合同规定的日期提交测绘成果时，应向甲方偿付拖期损失费，每天的拖期损失按合同约定的测绘工程总价款的1%计算。

3. 乙方提供的测绘成果质量不合格，乙方应负责无偿给予重测或采取补救措施，以达到质量要求。因测绘成果质量不符合有关规定的要求（而又非甲方提供的图纸、公用部位设计说明等资料原因所致）造成后果的，由市房产管理局给予警告并责令限期改正，并处以1万元以上3万元以下的罚款；情节严重的，由发证机关予以降级或者取消其房产测绘资格（由甲方提供的图纸、公用部位设计说明等资料原因产生的责任由甲方自己负责）。

九、合同执行过程中双方发生纠纷，可由双方协商解决或由双方主管部门调解，若无法达成协议，双方同意即可就本合同产生的纠纷向市仲裁委员会申请仲裁。当事人双方不在合同中约定仲裁机构的，事后又没有达成书面协议的，可向有管辖权的人民法院起诉。

十、本合同执行过程中的未尽事宜，双方应本着实事求是、友好协商的态度加以解决。双方协商一致，签订补充协议。补充协议与本合同具有同等的效力。

十一、其他约定：

十二、本合同一式　　份，甲、乙双方各执　　份。双方签字生效。

委托单位（甲方）（盖章）　　　测绘单位（乙方）（盖章）
法定代表人　　　　　　　　　　法定代表人
或委托代理人（签字）　　　　　或委托代理人（签字）
电话：　　　　　　　　　　　　电话：
开户银行：　　　　　　　　　　开户银行：
帐号：　　　　　　　　　　　　帐号：
　　　　　　　　　　　　　　　签订地点：
　　　　　　　　　　　　　　　签订时间：

附录 B

房产测量技术设计报告书

坐落：常州市钟楼区汤家村 55 号
委托单位：常州诚建房地产开发有限公司
测绘单位：常州诚建测量队
项目技术负责人：陈志有（测绘工程师）
测　量：王小虎、周云龙
绘图计算：李大庆、周涛
检查审核：陈志有
作业日期：2007 年 4 月 12 日至 2007 年 4 月 20 日

目 录

1. 概况
2. 执行的技术标准及参考资料
3. 测量过程及面积测算过程
4. 质量检查
5. 资料及报告

1. 概况

常州市钟楼区汤家村55号龙源大厦,由常州诚建房地产开发有限公司开发建设。混合结构,共3层,其中1层、2层为商场,3层为住宅。测量目的为确权。

基础资料包含:《土地使用权证》

《建设用地和规划许可证》

《建设工程规划许可证》

《质量监督站竣工验收报告》

2. 执行的技术标准及参考资料

1)技术标准

(1)《国家房产测量规范》GB/T 17986.1—2000,GB/T 17986.2—2000;

(2)建设部"关于房屋建筑面积计算与房屋权属登记有关问题的通知"(建住房[2002]74号);

(3)《建筑工程建筑面积计算规范》GB/T 50353—2005。

2)参考资料

(1)委托方提供的龙源大厦竣工图纸;

(2)委托方提供的本幢房产的公共部位的使用情况说明。

3. 测量过程及面积测算过程

1)测量工作安排

工作人员:王小虎、周云龙、李大庆、周涛;

项目负责:陈志有。

2)熟悉图纸

(1)时间安排:2007年4月10日;

(2)根据委托方提供的本幢房屋竣工图纸,熟悉各部轴线尺寸及墙体结构厚度;

(3)共有部位的分隔及使用范围;

(4)通风井位置及各楼层变化情况;

(5)顶层变化情况。

3)现场实测

时间安排:2007年4月12日,实地测量;

工作人员:王小虎、周云龙;

工作仪器:激光测距仪 Leica DISTO A3、20m 钢尺。

4)房产调查

(1)房屋用地调查:

房屋用地坐落:常州市钟楼区汤家村55号;

房屋用地使用权主:常州建设高等职业技术学校;

用地来源:划拨;

用地四至:东为龙江路,南为学前路,西为现状住宅,北为规划道路;

用地用途:44。

（2）房屋调查：

房屋坐落：常州市钟楼区汤家村55号；

房屋产别：11（自管产）；

房屋总层数：3层；

房屋建筑结构：混合结构；

房屋建成年份：2006年；

房屋用途：住宅、商业。

（3）工作过程：

①房产调查要素：房产坐落、结构、产权、产别、竣工年代。合法的分摊协议，阳台封闭情况。

②根据规范中对房产面积测量的标准对本幢房产每间房屋进深、开间用激光测距仪进行测量，每个部位测2次，取中间值由记录员详细记录测量数据。

③特别对共有部位的位置、使用范围、相邻的分隔处进行确认。

④测量外墙体。

⑤确定外墙皮装饰厚度。

⑥外业草图：2007年4月12日。

5）绘图及计算过程

工作人员：李大庆、周涛；

绘图日期：2007年4月14日；

工作过程：熟悉图纸、绘制房产图、按照面积计算标准，利用分层分户绘图及面积计算软件绘制本幢房产的图形并计算本幢房产的各项面积；

建筑层数：3层；

房产编号：×××××××-××；

图幅编号：204009120；

精度标准：房产面积精度 三级；

成果内容：房产分层平面图、房产分层（幢）面积对照表、房产分层分户面积对照表；

完成日期：2007年4月20日。

4. 质量检查

（1）在委托方的配合下，对公用部位进行核准并检查全部边长。

（2）对计算资料、图纸进行100%的检查。

（3）全部资料由专职审核人员进行了全面检查和验收。

5. 资料及报告

（1）房产分层平面图：1份。

（2）分层（幢）面积对照表：1份。

（3）房产分层分户面积对照表：1份。

（4）房屋面积测绘报告：1份。

附录 C

房屋面积测绘报告

常州诚建测量队

房产测绘是我国的法定测绘。房产测绘必须符合《中华人民共和国测绘法》、《中华人民共和国城市房地产管理法》、《房产测绘管理办法》、《中华人民共和国国家标准房产测量规范》的规定。

常州诚建测量队郑重声明：

1. 我们在本报告中陈述的事实是真实和准确的。

2. 本报告中所涉及的测量成果和计算成果是客观、公正、准确、规范的。

3. 我们与本宗房屋的委托单位没有利害关系，也与有关当事人没有个人利害关系。

4. 我们依据中华人民共和国国家标准《房产测量规范》进行测量和计算并撰写本报告。

5. 本宗房屋面积测绘按房产面积精度的第（三）级执行，我们对本报告中的测绘对象进行了实地测量。

6. 中华人民共和国国家标准《房产测量规范》中房屋面积测绘的主要规定（节选）见本报告第十一条。

7. 本报告中有关的房屋面积测绘成果与委托单位的要求一致，内容完整。

8. 本报告中的房屋面积测绘成果（图、表）加盖测绘单位公章后即为有效，复印件不具法律效力。

房屋面积测绘报告

(常诚测〔2007-04-20〕)

项目名称：龙源大厦房屋面积测绘

委托单位：常州诚建房地产开发有限公司

测绘单位：常州诚建测量队（盖章）

测量日期：2007 年 4 月 12 日至 4 月 20 日

房屋面积测绘报告

（常诚测［2007-04-20］）

目 录

一、概况

二、房屋面积测绘依据

三、房产测绘单位、人员

四、房屋面积测绘仪器、设备

五、房屋面积测绘项目、内容

六、房屋面积测绘结果

七、房屋面积测绘图

八、房屋面积计算说明

九、其他说明

十、附件

十一、《房产测量规范》GB/T 17986—2000 节选

一、概况

受常州诚建房地产开发有限公司的委托,常州诚建测量队2007年4月12日至4月20日对位于常州市钟楼区汤家村55号的龙源大厦进行了房屋面积测绘。龙源大厦为混合结构,共3层,其中1层、2层为商场,3层为住宅。

二、房屋面积测绘依据

1. 中华人民共和国国家标准《房产测量规范》GB/T 17986—2000;
2. 建设部"关于房屋建筑面积计算与房屋权属登记有关问题的通知"(建住房〔2002〕74号);
3. 与本宗房产相关的、有效的规划、城建、房管批文、协约;
4. 本宗房屋面积测绘合同书。

三、房产测绘单位、人员

1. 房产测绘单位(资质)

常州诚建测量队为江苏省丙级测绘资质持证单位,具有独立法人资格。测绘资质证书编号为:丙测资字6101668。

2. 房产测绘人员(资格)

项目负责人:陈志有(测绘工程师);

工作人员:王小虎(测绘工程师)、周云龙(高级房产测量员)、李大庆(房产测量员)、周涛(房产测量员);

检查员:陈志有(测绘工程师)。

四、房屋面积测绘仪器、设备

仪器名称	测量精度	检定日期
DISTO A3 手持式测距仪	测距中误差:±1.5mm	2007年2月3日
20m钢尺	合格	2007年2月30日
PIV HP 电脑	图形绘制及面积计算	
房测之友软件	图形绘制及面积计算	
备注:		

五、房屋面积测绘项目、内容

本宗房屋面积测绘的项目和测量内容包括:

1. 龙源大厦整幢建筑面积;
2. 龙源大厦1层、2层商铺产权面积;
3. 龙源大厦3层住宅产权面积。

六、房屋面积测绘结果

1. 整幢房屋各类面积测算统计表

整幢房屋各类面积测算统计表（m²）

丘号：　　　　　　　　　幢号：2　　　　　　　　　测量编号：07100003

房屋坐落		常州市钟楼区汤家村55号			
委托人		常州诚建房地产开发有限公司			
项目编号		S20070002	委托日期	2007年04月17日	
建筑结构		混合	房屋总层数	3	
建筑用途		商，住	建成年份	2006	
总建筑面积		825.10	地上层数	3	地下层数	0
功能区名称		套内面积	分摊面积	建筑面积	
分类明细	住宅	244.187	83.595	327.78	
	商铺	380.480	116.835	497.32	
面积合计		624.667	200.430	825.10	
测绘说明	1. 计算依据： （1）国家《房产测量规范》GB/T 17986—2000； （2）建设部"关于房屋建筑面积计算与房屋权属登记有关问题的通知"（建住房〔2002〕74号）； （3）建筑工程建筑面积计算规范GB/T 50353—2005。 2. 分摊系数计算方法： 　　分摊系数（K）=（总建筑面积－套内建筑面积总和）÷套内建筑面积总和 3. 各套建筑面积计算方法： 　　套建筑面积＝套内建筑面积＋套内建筑面积×分摊系数				

测绘：李大庆、周涛　　　　　　　　　审核：陈志有
日期：2007-04-17　　　　　　　　　　日期：2007-04-20

2. 各幢房屋内分层、分户各类面积测算统计表

房屋分层面积对照表（m²）

坐落：	常州市钟楼区汤家村55号			地上层数：	3
项目编号：	S20070002			总层数：	3
顺序号	层名	所在层次	建筑面积	套内面积	共有建筑面积	其中阳台面积
1	1层	1	248.66	190.24	58.42	
2	2层	2	248.66	190.24	58.42	
3	3层	3	327.80	244.19	83.60	9.79

总建筑面积：825.12　　　总共有建筑面积：200.43

房屋分户建筑面积成果表（m²）

丘号：　　　　　　　　　　幢号：2　　　　　　　　测量编号：07060003

房屋坐落	常州市钟楼区汤家村55号				
产权人或委托人	常州诚建房地产开发有限公司				
室号	所在层次	房屋用途	套内面积	分摊系数	分摊面积	建筑面积

室号	所在层次	房屋用途	套内面积	分摊系数	分摊面积	建筑面积
商铺101	1	商业	17.64	0.307074	5.42	23.06
商铺102	1	商业	23.40	0.307074	7.19	30.59
商铺103	1	商业	23.40	0.307074	7.19	30.59
商铺104	1	商业	23.40	0.307074	7.19	30.59
商铺105	1	商业	25.60	0.307074	7.86	33.46
商铺106	1	商业	25.60	0.307074	7.86	33.46
商铺107	1	商业	25.60	0.307074	7.86	33.46
商铺108	1	商业	25.60	0.307074	7.86	33.46
商铺201	2	商业	17.64	0.307074	5.42	23.06
商铺202	2	商业	23.40	0.307074	7.19	30.59
商铺203	2	商业	23.40	0.307074	7.19	30.59
商铺204	2	商业	23.40	0.307074	7.19	30.59
商铺205	2	商业	25.60	0.307074	7.86	33.46
商铺206	2	商业	25.60	0.307074	7.86	33.46
商铺207	2	商业	25.60	0.307074	7.86	33.46
商铺208	2	商业	25.60	0.307074	7.86	33.46
甲-301	3	住宅	61.10	0.342338	20.92	82.01
甲-302	3	住宅	61.00	0.342338	20.88	81.88
乙-301	3	住宅	61.00	0.342338	20.88	81.88
乙-302	3	住宅	61.10	0.342338	20.92	82.01
合计	—	—	624.67	—	200.43	825.10

测绘：李大庆、周涛　　　初审：　　　审核：　　　审批：

七、房屋面积测绘图
（一）房屋的坐落分布示意图

房屋坐落图

丘　号		结　构	混　合	建成年份	2006
幢　号	2	层　数	3	建筑面积（m²）	825.10
坐　落	常州市钟楼区汤家村55号				

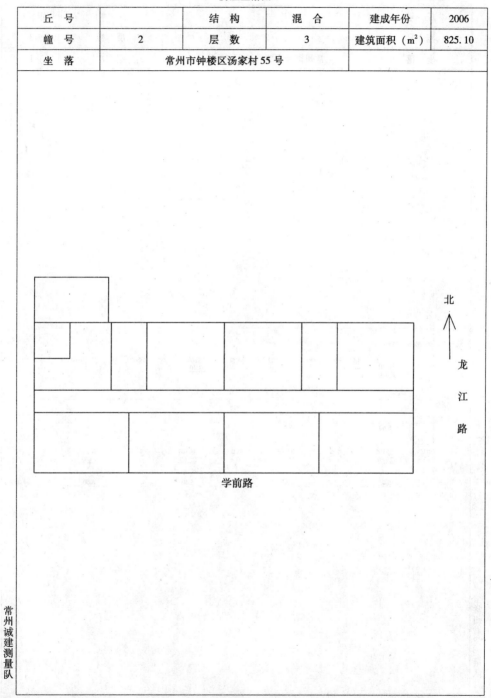

1:200

（二）房屋分层平面图

龙源大厦第一层平面图
房屋分层平面图

丘 号		结 构	混 合
幢 号	2	层 数	3
坐 落	常州市钟楼区汤家村55号	层 次	1

北 ↑

门卫

梯03 2.40		梯01		铺102		铺103		梯02		铺104	
2.80		5.20		5.20		5.20	
铺101 17.64	4.50		4.50	23.40	4.50	23.40	4.50		4.50	23.40	4.50
2.10 2.40											
5.20		5.20		5.20		5.20	

过道

6.40		6.40		6.40		6.40	
铺105 25.60	4.00	铺106 25.60	4.00	铺107 25.60	4.00	铺108 25.60	4.00
4.00		4.00		4.00		4.00	
6.40		6.40		6.40		6.40	

常州诚建测量队

1:200

龙源大厦第二层平面图
房屋分层平面图

丘 号		结 构	混 合
幢 号	2	层 数	3
坐 落	常州市钟楼区汤家村55号	层 次	2

北

	2.80		5.20		5.20		5.20	
梯03	2.40	梯01	铺202	4.50	铺203	4.50	梯02	铺204
2.40	铺201 17.64	4.50	23.40		23.40		4.50	23.40 4.50
2.10	5.20		5.20		5.20			5.20

过道

	6.40		6.40		6.40		6.40	
4.00	铺205 25.60	4.00	铺206 25.60	4.00	铺207 25.60	4.00	铺208 25.60	4.00
	6.40		6.40		6.40		6.40	

1:200

常州诚建测量队

附录C 房屋面积测绘报告

龙源大厦第三层平面图
房屋分层平面图

丘 号		结 构	混合
幢 号	2	层 数	3
坐 落	常州市钟楼区汤家村55号	层 次	3

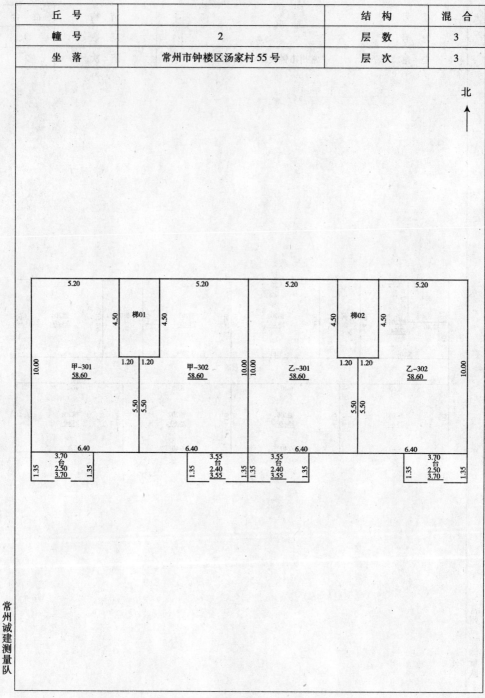

1:200

（三）房屋分户图

房屋分户平面图

丘　号		结　构	混　合	套内建筑面积（m²）	17.640
幢　号	2	层　数	3	共有分摊面积（m²）	5.417
户　号	铺101	层　次	1	建筑面积（m²）	23.06
坐　落	常州市钟楼区汤家村55号				

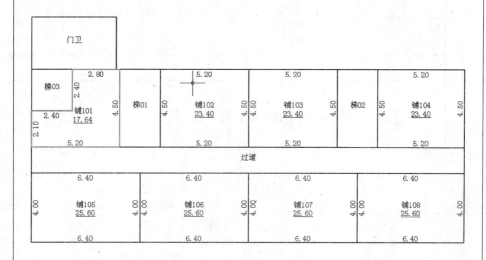

1:200

常州诚建测量队

房屋分户平面图

丘 号		结 构	混 合	套内建筑面积（m²）	23.400
幢 号	2	层 数	3	共有分摊面积（m²）	7.186
户 号	铺202	层 次	2	建筑面积（m²）	30.59
坐 落	常州市钟楼区汤家村55号				

北 ↑

	2.80		5.20		5.20		5.20	
梯03	2.40	梯01	铺202	4.50	铺203	4.50	铺204	4.50
2.10	2.40	4.50	23.40		23.40	梯02 4.50	23.40	
	铺201 17.64							
	5.20		5.20		5.20		5.20	

过道

	6.40		6.40		6.40		6.40	
4.00	铺205 25.60	4.00	铺206 25.60	4.00	铺207 25.60	4.00	铺208 25.60	4.00
	6.40		6.40		6.40		6.40	

1:200

常州诚建测量队

房屋分户平面图

丘　号		结　构	混　合	套内建筑面积（m²）	61.10
幢　号	2	层　数	3	共有分摊面积（m²）	20.917
户　号	乙-302	层　次	3	建筑面积（m²）	82.02
坐　落	常州市钟楼区汤家村55号				

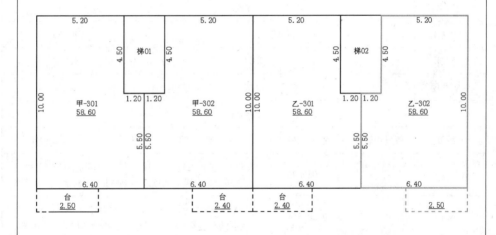

1:200

常州诚建测量队

附录C　房屋面积测绘报告

八、房屋面积计算说明

1. 整幢房屋的建筑面积的计算

幢名称：	龙源大厦	房屋坐落		常州市钟楼区汤家村55号	
幢套内面积（m²）	624.67	幢共有面积（m²）	200.43	幢建筑面积（m²）	825.10
功能区划分					
功能区名称	功能区户室				功能区面积（m²）
住宅	甲-301、甲-302、乙-301、乙-302				244.19
商铺	铺101、铺102、铺103、铺104、铺105、铺106、铺107、铺108、铺201、铺202、铺203、铺204、铺205、铺206、铺207、铺208				380.48
共用区划分					
共用区名称	共用区面积部位				共用区面积（m²）
整幢共用	半外墙、门卫				47.31
商铺共用	过道、梯03				88.32
住宅共用	梯01、梯02				64.80
分摊系数					
K 系数	所属功能区	K 系数值	K 系数计算公式		K 系数公式说明
$K1$ (1)	商铺共用、住宅共用	0.060826	47.310/(64.800+244.187+88.320+380.480)		整幢共用/(住宅共用+住宅+商铺共用+商铺)
$K2$ (1)	住宅	0.281511	(64.800+64.800×0.060826)/(244.187)		(住宅共用+住宅共用×$K1$(1))/(住宅)
$K2$ (2)	商铺	0.246247	(88.320+88.320×0.060826)/(380.480)		(商铺共用+商铺共用×$K1$(1))/(商铺)

2. 各功能区各类面积的计算

坐落：常州市钟楼区汤家村55号

项目编号：07060001

功能区名称	建筑面积（m²）	套内建筑面积（m²）	分摊系数	分摊面积（m²）	备注
住宅	327.78	244.187	0.342338	83.594	
商铺	497.32	380.480	0.307074	116.836	
合计	825.10	624.667		200.430	

3. 共有共用面积的计算和分摊

幢号：2　　　　丘号：　　　　房产分区号：　　　　房产区号：

坐落	常州市钟楼区汤家村 55 号						
房屋类别	商住	房屋产别	国有房产	房屋结构	混合	层数	3
建成年份	2006	总建筑面积（m²）	825.10	总分摊面积（m²）	200.43	总分摊系数	0.320862
序号	层号	共有建筑面积名称	共有面积（m²）		分摊办法		备注
1	1层	半外墙	10.77		整幢共用		25.9×10.3－1×（25.6×10）
2		过道	38.40		商铺共用		1.5×25.6
3		梯01	10.80		住宅共用		4.5×2.4
4		梯02	10.80		住宅共用		4.5×2.4
5		梯03	5.76		商铺共用		2.4×2.4
6		门卫	15.00		整幢共用		3×5
7	2层	半外墙	10.77		整幢共用		25.9×10.3－1×（25.6×10）
8		过道	38.40		商铺共用		1.5×25.6
9		梯01	10.80		住宅共用		4.5×2.4
10		梯02	10.80		住宅共用		4.5×2.4
11		梯03	5.76		商铺共用		2.4×2.4
12	3层	半外墙	10.77		整幢共用		10.3×25.9－1×（10×25.6）
13		梯01	10.80		住宅共用		4.5×2.4
14		梯02	10.80		住宅共用		4.5×2.4
合计			200.43				

九、其他说明

1. 成果的检核

为保证房屋面积测量的正确性，测绘人员采取了以下保证措施：

（1）测量过程中对构成的图形进行了多余边长观测；

（2）计算人员进行了对算检核；

（3）测绘人员对照楼房原设计数据进行了长度、面积检查；

（4）技术负责人、质量负责人对本宗面积测量相关成果进行了质量检查。

2. 其他说明

（1）本宗房屋面积测绘按房产面积精度的第（三）级执行；

（2）本房屋面积测绘报告对房屋面积的现状有效，房屋现状发生变化时应进行变更测量；

（3）本宗房屋面积测绘原始观测记录和委托单位提供的相关资料由测绘单位负责保存；

(4) 本报告所有平面图中房屋的标注线为其墙体的轴线，未封闭阳台的标注线为其围护物外围的水平投影线；

(5) 本报告书的解释权属于常州诚建测量队。

十、附件

1. 房屋面积测绘委托书（文本复印件）；
2. 测绘单位房产测绘资质证书（文本复印件）；
3. 测绘人员的资格证书（文本复印件）；
4. DISTO A3 手持式测距仪检定证书（文本复印件）；
5. 20m 钢尺检定证书（文本复印件）。

十一、《房产测量规范》GB/T 17986—2000 节选

8 房产面积测算

8.1 一般规定

8.1.1 房产面积测算的内容

面积测算系指水平面积测算。分为房屋面积和用地面积测算两类，其中房屋面积测算包括房屋建筑面积、共有建筑面积、产权面积、使用面积等测算。

8.1.2 房屋的建筑面积

房屋建筑面积系指房屋外墙（柱）勒脚以上各层的外围水平投影面积，包括阳台、挑廊、地下室、室外楼梯等，且具备有上盖，结构牢固，层高 2.20m 以上（含 2.20m）的永久建筑。

8.1.3 房屋的使用面积

房屋的使用面积系指房屋户内全部可供使用的空间面积，按房屋的内墙水平投影计算。

8.1.4 房屋的产权面积

房屋产权面积系指产权主依法拥有房屋所有权的房屋建筑面积。房屋产权面积由直辖市、市、县房地产行政主管部门登记确权认定。

8.1.5 房屋的共有建筑面积

房屋共有建筑面积系指各产权主共同占有或共同使用的建筑面积。

8.1.6 面积测算的要求

各类面积测算必须独立测算两次，其较差应在规定的限差以内，取中数作为最后结果。

量距应使用经检定合格的卷尺或其他能达到相应精度的仪器和工具，面积以平方米为单位，取至 $0.01m^2$。

8.2 房屋建筑面积测算的有关规定

8.2.1 计算全部建筑面积的范围

1. 永久性结构的单层房屋，按一层计算建筑面积；多层房屋按各层建筑面积的总和计算。

2. 房屋内的夹层、插层、技术层及梯间、电梯间等其高度在 2.20m 以上部位计算建筑面积。

3. 穿过房屋的通道，房屋内的门厅、大厅，均按一层计算面积。门厅、大厅内的回廊部分，层高在 2.20m 以上的，按其水平投影面积计算。

4. 楼梯间、电梯（观光梯）井、提物井、垃圾道、管道井等均按房屋自然层计算面积。

5. 房屋天面上，属永久性建筑，层高在 2.20m 以上的楼梯间、水箱间、电梯机房及斜面结构屋顶高度在 2.20m 以上的部位，按其外围水平投影面积计算。

6. 挑楼、全封闭的阳台按其外围水平投影面积计算。

7. 属永久性结构有上盖的室外楼梯，按各层水平投影面积计算。

8. 与房屋相连的有柱走廊，两房屋间有上盖和柱的走廊，均按其柱的外围水平投影面积计算。

9. 房屋间永久性的封闭的架空通廊，按外围水平投影面积计算。

10. 地下室、半地下室及其相应出入口，层高在 2.20m 以上的，按其外墙（不包括采光井、防潮层及保护墙）外围水平投影面积计算。

11. 有柱或有围护结构的门廊、门斗，按其柱或围护结构的外围水平投影面积计算。

12. 玻璃幕墙等作为房屋外墙的，按其外围水平投影面积计算。

13. 属永久性建筑有柱的车棚、货棚等按柱的外围水平投影面积计算。

14. 依坡地建筑的房屋，利用吊脚做架空层，有围护结构的，按其高度在 2.20m 以上部位的外围水平面积计算。

15. 有伸缩缝的房屋，若其与室内相通的，伸缩缝计算建筑面积。

8.2.2 计算一半建筑面积的范围

1. 与房屋相连有上盖无柱的走廊、檐廊，按其围护结构外围水平投影面积的一半计算。

2. 独立柱、单排柱的门廊、车棚、货棚等属永久性建筑的，按其上盖水平投影面积的一半计算。

3. 未封闭的阳台、挑廊，按其围护结构外围水平投影面积的一半计算。

4. 无顶盖的室外楼梯按各层水平投影面积的一半计算。

5. 有顶盖不封闭的永久性的架空通廊，按外围水平投影面积的一半计算。

8.2.3 不计算建筑面积的范围

①层高小于 2.20m 以下的夹层、插层、技术层和层高小于 2.20m 的地下室和半地下室。

②凸出房屋墙面的构件、配件、装饰柱、装饰性的玻璃幕墙、垛、勒脚、台阶、无柱雨篷等。

③房屋之间无上盖的架空通廊。

④房屋的天面、挑台、天面上的花园、泳池。

⑤建筑物内的操作平台、上料平台及利用建筑物的空间安置箱、罐的平台。

⑥骑楼、过街楼的底层用作道路街巷通行的部分。

⑦利用引桥、高架路、高架桥、路面作为顶盖建造的房屋。

⑧活动房屋、临时房屋、简易房屋。
⑨独立烟囱、亭、塔、罐、池、地下人防干、支线。
⑩与房屋室内不相通的房屋间伸缩缝。

常州诚建测量队
地址（Add）：常州市五星街道汤家村 55 号
电话（Tel）：0519-327××××
传真（Fax）：0519-327××××
邮编（P.C）：2130××
E-mail：email6800@sina.com

附录 D 建筑术语

1. 裙楼、塔楼：高层建筑中，低楼层部分的建筑结构至高楼层部分发生转换，且结构转换的相邻楼层水平投影面积的差值超过低楼层部分水平投影面积的 1/3 时，低楼层部分为裙楼，高楼层部分为塔楼（含结构转换层）。
2. 层高：相邻楼层楼（地）板结构面之间的垂直距离。
3. 楼层净高：楼（地）面至楼板结构底面之间的垂直距离。
4. 自然层：按楼（地）板结构分层的楼层。
5. 标准层：建筑物内主要使用功能与平面布置相同的各楼层。
6. 夹层：在一个楼层内，以结构板形式局部增设的楼层。
7. 架空层：建筑物中仅以结构体作为支撑、无围合外墙的开敞空间层。
8. 结构转换层：建筑物某楼层的上部与下部因平面使用功能不同而采用不同结构类型，并通过该楼层进行结构转换，该楼层称为结构转换层。
9. 设备层：建筑物中专为设置暖通、空调、给水排水、配变电等设备和管道且供人员进入操作用的楼层。
10. 避难层：建筑高度超过 100m 的高层建筑中，为消防安全专门设置的供人们疏散避难的楼层。
11. 屋面（顶）层：在房屋顶部，屋面楼板以上，由屋面梁、拱等大跨空间构件和支撑边缘构件组成的楼层。
12. 地下室：房间室内地面低于室外地面，且室内地面至室外地面的高度大于房间净高的 1/2 者。
13. 半地下室：房间室内地面低于室外地面，室内地面至室外地面的高度不小于该房间净高的 1/3 但小于 1/2 者。

14. 走廊：建筑物内设置的水平交通空间。
15. 过道：套内使用的水平交通空间。
16. 挑廊：挑出建筑物外墙的水平交通空间。
17. 檐廊：设置在建筑物底层出檐下的水平交通空间。
18. 回廊：在建筑物门厅、大厅内设置在2层或2层以上的回形走廊。
19. 架空通廊：建筑物与建筑物之间，在2层或2层以上专门为水平交通设置的走廊。
20. 门斗：在建筑物出入口设置的起分隔、挡风、御寒等作用的过渡性建筑空间。
21. 门廊：位于建筑物出入口处的由上方建筑形成的有顶盖、有廊台、且有支柱支撑顶盖的开放式建筑空间。
22. 雨篷：设置在建筑物进出口上部的用于挡雨、遮阳的板或篷。
23. 阳台：建筑中凸出于外墙面或凹于外墙以内的平台，是室内外的过渡空间，供使用者晾晒衣物、休息及其他室外活动之用。
24. 露台：与建筑衔接供人们活动的无顶盖室外平台；在2层或2层以上建筑利用下层的屋顶作为上层的户外活动的无顶盖平台也视为露台。
25. 凸窗：为房间采光和美化造型而设置的窗台高度达到或超过0.40m的凸出外墙的窗。
26. 落地窗：窗框与地板直接相连的窗或凸出外墙但窗台高度小于0.40m的窗，前者为平台式落地窗，后者为反凸式落地窗。
27. 围护结构：围合建筑空间四周的墙体、门、窗等。
28. 围护性幕墙：直接作为建筑物外墙起围护作用的幕墙。
29. 装饰性幕墙：设置在建筑物墙体外起装饰作用的幕墙。
30. 眺望间：设置在建筑物顶层或挑出房间的供人们远眺或观察周围情况的建筑空间。
31. 勒脚：建筑物的外墙与室外地面或散水接触部位墙体的加厚部分。
32. 变形缝：伸缩缝（温度缝）、沉降缝和抗震缝的总称。
33. 永久性顶盖：结构牢固，可供永久使用的顶盖。
34. 骑楼：楼层部分跨在公共街巷上的临街楼房。
35. 门厅：建筑物中位于入口处用于接待和分配人流、物流及联系各主要使用空间、辅助使用空间和其他交通空间的交通枢纽空间。
36. 大堂：具有休息、会客、接待、登记、商务等功能的较大的门厅。
37. 楼（电）梯间：是用以容纳楼（电）梯，并由墙面或竖向定位平面限制的空间。
38. 前室：设于楼、电梯间与走廊之间用于分配、缓冲人流的过渡性建筑空间。
39. 台阶：在室外或室内地坪或楼层不同标高处设置的供人行走的阶梯。
40. 管道井：建筑物中用于布置竖向设备管线的竖向井道。

41. 烟道：建筑物中设置的用于排放烟尘的竖向井道。

42. 核心筒：建筑物中解决垂直交通、设备电气垂直管线、联系其他建筑空间的结构体系。

43. 中庭：建筑物中设置的用于休闲、人流汇聚的超过一个层高的有盖建筑空间。

44. 桥：与室外相连的有跨度的架空构筑物。

45. 花池：建筑物中设置的用于种植花草的建筑构件。

46. 天井：四面有房屋，或三面有房屋另一面有围墙，或两面有房屋另两面有围墙时中间的空地，一般面积不大，主要用于房屋采光、通风。

47. 公共（消防）通道：为满足建筑物消防或通行需要而设置的与市政或小区道路连通的穿越建筑的通道。

48. 公共开放空间：建筑物内部全天开放供公众使用的空间或室外场地空间，公共开放空间应与建设用地周围的城市空间密切联系成有机的整体。